지하철 잡상인에서 대기업 팀장까지

억대연봉
판매왕의 영업기술

지하철 잡상인에서 대기업 팀장까지

억대연봉
판매왕의 영업기술

초판 1쇄 발행 | 2018년 1월 19일
초판 2쇄 발행 | 2018년 2월 02일

지은이 | 김성기
펴낸이 | 박영욱
펴낸곳 | 북오션

편 집 | 허현자 · 김상진
마케팅 | 최석진
디자인 | 서정희 · 민영선
삽 화 | 허한우

주 소 | 서울시 마포구 월드컵로 14길 62
이메일 | bookrose@naver.com
네이버포스트 | m.post.naver.com('북오션' 검색)
전 화 | 편집문의: 02-325-9172   영업문의: 02-322-6709
팩 스 | 02-3143-3964

출판신고번호 | 제313-2007-000197호

ISBN 978-89-6799-344-3 (03320)

이 도서의 국립중앙도서관 출판예정도서목록(CIP)은 서지정보유통지원시스템
홈페이지(http://seoji.nl.go.kr)와 국가자료공동목록시스템
(http://www.nl.go.kr/kolisnet)에서 이용하실 수 있습니다.
(CIP제어번호: CIP2017034065)

지하철 잡상인에서 대기업 팀장까지

억대연봉
판매왕의
영업기술

김성기 지음

북오션

매일매일 희망을 꿈꾸고
행복을 나누고 싶은 사람들에게

나는 노숙자였다. 며칠을 굶주려보고 얻어먹고 사는, 사람들에게 민폐의 대상이기도 했다. 그랬던 내가 억대연봉의 판매왕이 되고 10대그룹 대기업 팀장이 되었다. 이제 그 생생한 이야기를 많은 사람들에게 들려주려 한다.

영화 〈포레스트 검프〉에서 '인생은 초콜릿 박스와 같아서 뭘 가지게 될지 알 수가 없다'라는 명대사가 나온다. 상자 안에 있는 어떤 초콜릿을 먼저 먹을지 그것은 나 스스로의 판단에 의해 결정된다는 뜻이다. 우리들의 삶도 수많은 역경과 변화의 연속이다. 그 속에서 내가 어떤 방향과 목표를 선택하느냐에 따라 인생은 바뀌게 된다.

군 제대를 하고 23살에 다단계사업을 하면서 꿈을 꾸었다. 그러다 하

루아침에 물거품이 되면서 거리로 나앉은 20대 시절. 꿈도 크고, 정말 하고 싶은 것이 많았던 청춘은 거리의 노숙자로 지내면서 세상의 많은 것을 보고 깨닫게 되었다.

1997~1998년 IMF로 수많은 사람들이 거리로 쏟아져 나왔다. 마치 그것이 사회 흐름인양 너도 나도 길바닥과 하늘을 지붕 삼아 살아갔다. 그 속에 내가 있었다. 대부분 40대 이상의 가장들이었는데 새파란 청년 이 그 속에 함께 있었던 것이다. 모두들 초점이 흐려져 있고 하루하루 를 지옥처럼 살면서 세상을 향해 저주를 퍼부으며 후회와 한탄을 쏟아 냈다. 나는 더 이상 내려갈 곳이 없다는 '밑바닥'보다 그 무기력감이 더 두렵고 공포로 다가왔다.

'여기서 빠져나가야겠다!'

3개월의 노숙생활을 청산하고 대학교 2학년에 복학을 하고 누구보다 도 열심히 살기 시작했다. 봄에는 학교 앞에서 모자 장사를 하고 여름 엔 지하철 잡상인을 하고, 겨울엔 붕어빵 장사를 하고 학기 중 저녁엔 호프집에서 일을 하면서 끊임없이 사람들을 만나고, 일을 하고, 나 자 신을 만들어 나갔다.

수많은 일들을 하면서 나는 영업을 해야겠다고 마음먹었다. 영업은 어떤 자격도 필요 없고 배경도 필요 없고 돈도 필요 없는, 오로지 나 자신만 있으면 되는 일이었고, 내가 노력한 만큼 기회와 성과가 나오는 정말 순수한 일이었기 때문이다.

어떠한 곳도 영업을 제대로 가르쳐 주는 곳이 없었다. 스스로 부딪히고 깨지고 쓰러지고 다시 일어서면서 20년간 실전영업으로 내 인생의 길을 단단하게 다져왔다. 그리고 항상 그 분야에서 정상을 달리면서 숱한 경험과 기술을 익히게 됐다.

영업은 책에 나오는 이론으로 하는 것이 아니다. 그 길을 가본 사람들의 진정한 스토리를 듣고 배우며 시행착오를 줄이는 것이 가장 빠른 길을 가는 방법이다. 나는 여러 곳에서 직장생활을 하면서 많은 직원들에게 나만의 영업기술을 알려주고 억대연봉이 될 수 있게 만들어 주었다.

이 책은 장사를 하는 사람들, 꿈을 갖고 달리는 사람들, 진정한 영업을 하는 사람들, 그리고 이 땅의 모든 사람들이 공감할 수 있고 배울 수 있는 이야기를 담았다.

6

　　지금의 나 자신은 어제의 내가 만들었고, 내일의 나는 오늘의 내가
만드는 것이다. 주저하지 말고 도전하고, 모든 두려움을 용기로 바꿔서
내 인생을 빛나게 만들자!

　　그리고 그 멋진 당신의 인생을 다른 사람들에게 돌려주라!

2018년 1월 햇빛 가득한 날에

김성기

CONTENTS

chapter 02 '영업냄새' 나지 않는 판매기술 9가지

chapter 03 실적을 10배 올리는 멘트기술 9가지

억대연봉 판매왕을 만드는
영업기본 7가지

모든 것이 영업이다

인생은 영업의 연속이다

인생은 나 자신을 파는 일이다

어떻게 원하는 것을 얻는가

과연 당신은 제대로 영업하고 있는가

영업은 운이 아니다

영업은 말이 아니라 진심으로 하는 것이다

모든 것이 영업이다

무조건 뛰었다

나는 살아오면서 수많은 영업을 해왔다. 영업을 하는 것과 일하는 것의 차이가 있을까? 일하는 것도 영업이고 살아가는 것도 영업이다. 고속도로 노가다, 치킨집, 돈가스집, 호프집, 소주방, 주점, 붕어빵 장사, 모자 장사, 노숙자 구걸, 지하철 노점상, 카드단말기판매, LG자판기 판매, 삼성에스원 영업, 대명리조트 영업, 한화호텔앤드리조트 영업, 이랜드 영업, 황태 사업 등등 손으로 다 꼽기 힘들만큼 많은 영업의 길을 달려왔다.

어떤 일을 시작할 때 가장 먼저 하는 영업은 그 속에 있는 사람들을 내 사람으로 만드는 것이다. 직장인이든, 자영업이든, 아르바이트생이든 내가 속한 곳에서 나를 먼저 알리고 그들을 내 사람으로 만드는 일

14

이 제일 중요한 첫 영업이 된다.

지하철 노점상 판매왕을 거쳐 LG자판기 팀장, 삼성에스원 세콤영업 전국 1등, 대명리조트 최연소팀장 그리고 국내 10대그룹인 한화에서 영업팀장을 할 때까지 누구보다도 열심히 뛰고 또 뛰었다.

"거기 서! 거기 서랏!"

나는 한 손에 큰 담배박스를 들고 무작정 뛰고 있었다. 솔직히 왜 뛰는지도 모르겠고 저 사람들이 왜 나를 잡으려고 쫓아오는지도 몰랐다. 왠지 도망을 가야될 것 같아서 죽어라고 지하철 승강장을 달렸다. 그러다 결국 잡혔다.

나보다 앳되어 보이는 젊은 공익근무요원 두 명이었다. 가쁜 숨을 몰아쉬고 왜 잡느냐고 물어봤다. 공익요원들도 마찬가지로 숨을 헐떡이고 씩씩대며 말한다.

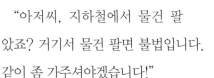

"아저씨, 지하철에서 물건 팔았죠? 거기서 물건 팔면 불법입니다. 같이 좀 가주셔야겠습니다!"

아니, 이게 무슨 말인가? 이놈들이 무슨 경찰이라도 되는 건가? 내가 물건을 팔든 노래를 부르든 무슨 상관인가? 그때는 사실 지하철 장사를 한 지 얼마 안 돼서 지하철 장사의 생리도 몰랐고 노점상인지 잡상인인지 법도 잘 몰랐다. 그냥 물건을 팔아도 되는 줄 알았다. 나는 되물었다.

"물건을 팔긴 팔았는데, 뭐 잘못 됐습니까?"

공익요원들은 살짝 웃는다. 내가 너무 어리숙하게 보였나보다. 공익요원이 말하기를 '지하철은 철도법에 의거해서 물건을 파는 잡상인은 철도법으로 즉결심판에 넘긴다'는 것이었다. 아니, 즉결심판이라니. 내가 무슨 죄인도 아니고 또 그런 곳에 가본 적도 없는데? 순간 겁이 덜컥 났다. 순한 양으로 변신해서 한 번만 봐달라고 애원을 하며 하소연을 했다. 다음부터는 절대 안 하겠다, 제발 이번만 봐달라고 빌고 또 빌었다.

속으로는 너무나 자존심이 상했다. 나보다 어린 녀석들에게 빌고 있는 내 자신에 순간 울컥했다. 공익요원들은 절대 안 봐준다고 무조건 가자고 했다. 이렇게 실랑이를 10분 동안 하는데 갑자기 눈물이 났고, 그 자리에서 꺼이꺼이 울었다. 너무 속상하고 창피하고 서럽고, 내 자신이 한없이 초라해졌다. 눈물이 마구 흘렀다.

내가 무슨 큰 잘못을 저질렀다고 나를 잡아가려나, 그리고 내가 무슨 부귀영화를 누리겠다고 여기서 물건을 팔고 있는지, 여기서 벌면 얼마나 번다고 이렇게 수모를 당하고 있는지, 내 가슴이 타오르는 것을 느꼈고, 눈물, 콧물이 흐르고 있었다. 너무나 창피했다. 지나가는 행인들은 그런 광경을 구경하고 있었고, 혀를 차면서 손가락질하고 있었다.

"젊은 사람이 할 게 없어서 지하철에서 물건이나 팔고 장차 뭐가 되려고 그래?"

"학생인 것 같은데 한번 봐주지, 뭘 저렇게 잡고 있지?"

"어이구, 한심하다, 한심해!"

행인들의 말들이 내 귀에 칼날같이 꽂혔다. 그때 갑자기 공익요원이 안쓰러운지 내 팔을 살포시 잡았다. 순간 '대한민국의 인정이 죽지는 않았구나! 역시 한국 사람은 정이 많고 인정이 있어' 생각을 하려는데 공익요원이 말했다.

"이제 그만 울고 갑시다!"

"네?"

순간 당황스러웠고 너무도 창피했다.

나는 어금니를 꾹 물고 다짐했다. '그래, 두고 보자. 내가 앞으로 어떤 놈으로 커갈지, 세상에 나를 보여주겠다!' 나는 허름한 담배박스를 들고 터벅터벅 공익요원을 따라서 파출소로 갔고 즉결심판에 넘겨졌다.

세상에는 수없이 많은 직업이 있다. 직업에는 귀천이 없다고 누군가는 말했지만 귀천 없는 직업이 어디 있는가? 모두가 서열이 매겨져있고 서열이 낮으면 무시당하고 천대받는 곳이 이 세상인데 서열 낮은 사람들을 위로한답시고 귀천이 없다고 떠드는 세상이 참 우습다.

지하철 노점상을 하면서 나는 세상에 대한 시선을 다시 세우게 됐고 성공이라는 단어를 가슴에 각인시키는 계기가 됐다. 그날을 교훈삼아 더 멋지게 세상을 향해 나갔고 대학을 졸업하고 좋은 기업에 입사하여 영업사원으로 승승장구를 했다. LG, 삼성, 대명, 한화, 이랜드 모두가 이름만 들으면 알만한 기업에서 상위 1%에 들어가는 영업사원으로 자리를 잡았다.

대명리조트에서 억대연봉으로 승승장구 하던 시기에 헤드헌터로부터 연락이 왔다. 한화리조트에서 조직을 만드는데 그 조직의 팀장을 찾는다면서 나를 추천했던 것이다. 나는 이미 리조트 업계에서는 성실하고 영업 잘한다고 평판이 좋았었다. 그래서 그랬는지 내 이름이 물망에 올랐던 것 같다. 그렇지만 단박에 거절했다. 왜냐하면 현재 억대연봉 이상으로 돈을 잘 벌고 있었고 시간도 여유가 있어서 아주 만족한 삶을 살고 있었기 때문이다.

며칠 후 한화에서 지원팀장과 인사팀장이 근무지로 찾아왔다. 커피숍에서 이런저런 대화를 나누면서 나를 영입하고 싶다고 직접적으로 이야기하며 면접을 한번 봤으면 한다고 했다. 나는 그 자리에서 또 거절했다. 지금의 삶에서 변화를 주고 싶지 않았다. 겨우 이 자리까지 왔는데 또 다른 곳을 간다는 것이 두려웠다. 그분들은 그 후에도 2번 정도 나를 만나러 찾아왔다.

그런데 이런 생각이 들었다. '나처럼 스펙도 없는 사람이 대기업 면접을 언제 보겠나!' 그러면서 면접이라도 한번 보자고 생각을 했다. 면접일정을 정하고 종로 한화본사로 면접을 보러 갔다. 단독면접으로 팀장들, 임원들과의 간단한 미팅이었다. 사실 입사할 생각이 없었기에 대충대충 이야기를 하고 나왔는데 면접에 수고했다며 면접비를 주는 게 아닌가? '역시 대기업은 다르군!' 하는 생각이 들었다. 그리고 다시 내 일상으로 돌아갔다.

며칠 후 한화 쪽에서 연락이 왔다. 대표이사 면접을 한번 보잔다. 갑자기 호기심이 생겼다. '그래, 대표이사 면접도 한번 보면 내 경험에 도움이 되겠다' 싶어 일정을 조율하고 면접에 들어갔다. 면접장에는 대표이사, 임원들, 팀장들 열 명이 넘게 앉아 있었고 또다시 단독면접을 했다. 면접시간이 무려 한 시간이 넘게 걸렸다. 무식하면 겁도 없다고 했던가? 그 위엄 있는 사람들 앞에서 나 혼자 앉아 너무나 당당하게 말을 하고 있었다. 왜냐면 어차피 입사를 하지 않을 것이기 때문에 맘 편히 내 의견을 마구 이야기했다.

당시 대명리조트와 한화리조트는 리조트업계에서 첨예한 라이벌 구도였고 대명리조트가 어느 순간부터 업계 1위를 달리고 있었다. 어떤 임원이 내게 이런 질문을 했다.

"우리 리조트가 왜 업계 2위로 밀려났다고 생각하느냐?"

너무나 직접적인 질문이었다. 그 질문을 받고 바로 이야기를 했다. 회원에 대한 서비스, 체인현황, 신규체인의 정체성 등에 대해 고객에게 경쟁사의 단점을 이야기하듯이 솔직하게 대답했다. 질문을 한 임원은 얼굴이 붉으락푸르락 돼서 나와 설전을 벌일 정도였다.

대표이사는 가만히 나를 지켜보고 있었다. 면접은 마치 적군이 아군의 진지에 홀로 들어와 난장판을 만든 것 같은 분위기였다. 그렇지만 난 룰루랄라 기분 좋게 면접을 마치고 돌아왔다. 지금 내가 있는 곳에서 최선을 다해서 다시 열심히 일하면 되기 때문에 아무 생각이 없었다.

며칠 후 한화리조트에서 연락이 다시 왔고 최종합격을 했으니 입사를 하라는 것이다. 순간 당황했다. 내가 그렇게 무례하게 말을 하고 왔는데 최종합격이라니. 그래서 진지하게 생각을 하고 아내에게 말을 했다. 아내 역시 이직을 권하지는 않았다.

그리고 몇 번 더 팀장들이 찾아오고 마지막에 임원이 직접 나와 함께 하자고 만나러 왔다. 그래서 결국 입사하기로 결정을 했다. 명실상부 대한민국 10대그룹인 대기업에 들어가서 그룹이라는 곳을 한번 배워보고 싶었다. 나중에 사업을 하게 되면 많은 도움이 될 것 같았다. 후에 들어보니 대표이사님이 나를 '무조건 잡아오라'고 명령을 내리셨다고 한다.

지방대를 나오고 지하철 노점상으로 천 원짜리 물건을 팔던 내가 대기업 팀장으로 갈 수 있었던 것은 바로 '영업'이라서 가능했다. '영업'이라는 것이 어떠한 물건을 팔고, 사는 것만이 영업이 아니다. '나'라는 사람을 어떻게 사람들에게 보여주고 '나'를 돋보이게 하고 또한 '나'를 얻고 싶게 만드는 것도 영업이다.

사람들은 흔히 영업은 물건만 잘 팔고 실적만 좋으면 된다고 생각하는데 그러한 일을 하기 위해서는 우선, 나의 모든 면을 잘 가꾸어서 정립됐을 때 비로소 영업실적이 잘 나오기 마련이다. 사람이 태어나서 세상을 살아가는 모든 순간이 영업이며 끊임없이 부딪치고 성장하고 깨달아가는 것이 바로 영업이다.

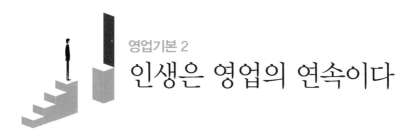

영업기본 2
인생은 영업의 연속이다

나를 알려라

살아가는 모든 것이 영업이다. 우리는 태어나서 울면 젖을 먹을 수 있고, 먹고 싶은 것이 있으면 엄마에게 애교도 떨고, 때론 떼를 쓰기도 한다. 그러면 엄마는 맛있는 요리를 해주신다. 미팅을 나가면 예쁜 여학생에게 더 잘 보이려고 많은 말들로 포장하고, 직장에서 동료나 선배 사원들에게 좋은 것을 얻기 위해 일찍 출근하고 제일 먼저 인사한다. 결혼해서는 사랑받기 위해서 나를 더 표현하고 또한 자식에게도 함께 성장하기 위해 대화도 많이 한다. 이렇게 태어나서 학교 다니고, 사회 생활하고, 결혼하고 죽을 때까지 나의 인생은 영업의 연속이다.

인생을 살아가면서 '다른 사람들이 나를 찾아오도록' 그리고 '나를 알아가게 만드는' 비법이 있다. 물론 누구나 아는 방법이고 실행하는 사람들도 많을 것이다. 내가 주로 하는 방법은 이런 것이다.

강원도 인제 용대리에서 황태사업을 시작했었다. 나의 영업능력이면 충분히 새로운 사업에도 성공할 자신이 있었다. 많은 기업에서 납품계약을 따내고 고급 골프장에도 납품계약을 줄줄이 따가고 있었다. 12월 겨울에 시작해서 하루 4시간도 못 자면서 황태를 다듬고 포장하고 납품하고 눈코 뜰 새 없이 바빴다. 손에는 황태가시가 박혀서 피가 안 나는 날이 없을 정도였다. 온몸에서는 황태냄새가 나고 내 모습도 서울에서의 깔끔한 복장이 아니라 진짜 황태쟁이의 모습으로 변하고 있었다.

황태사업을 더 홍보하고 많은 거래처를 확보하고자 고등학교 선배의 추천으로 〈한국 경제발전 협동조합〉이라는 곳에 가입했다. 그 곳엔 전국에서 가입한 많은 사업가들이 있었고 나는 그곳에서 성장하고 싶었다. 그래서 성장하기 위한 전략을 짰다.

영업에서 가장 중요한 것은 역시 나를 먼저 알리는 것이었다. 나를 알려야한다! 다행히 단체 카톡방이 있었는데 거기엔 100여 명의 CEO들이 있었다. 단체 카톡방은 별다른 소식이 없이 그냥 공지사항 정도만 올라오고 있었다. 그래서 이것이 기회라 생각하고 새벽 6시마다 용대리의 멋진 풍경들을 찍어서 한 장씩 올리고 아침인사를 경쾌하게 했다. 사람들이 조금씩 반응을 했고 매일 나의 멋진 사진을 기다리는 사람들이 늘어났다.

사람들이 지치고 힘들 때는 여행을 많이 하는데 시간이 없을 때는 자연의 아름다운 사진을 보면 힐링도 되고 마음이 안정되기도 한다. 그래서인지 사람들은 내 사진을 좋아하기 시작했다. 한 번도 나를 본 적이 없는 사람들이 나를 감사해 했고 좋아해주기 시작했다.

조합에 가입하고 첫 모임인 체육대회가 서울에서 있었다. 그 날은 기업대표들과 가족들이 함께 오는 사람들이 많다고 들어서 직접 선별하고 만든 맛좋고 질 좋은 용대리 황태선물세트를 협찬품으로 챙겨서 제일 먼저 체육대회 장소에 도착했다. 관계자들이 나를 보고 누구냐고 묻기에 "안녕하세요? 용대리 황태가 김성깁니다!"라고 인사를 하자 거기 있던 모든 사람들이 내게 다가와 인사를 했다. "아침마다 좋은 사진과 글이 너무 좋았다. 당신이 김성기군요!" 난 순간 인기 스타가 되어 있었다. 사람들이 한 명씩 들어오면서 문 앞에서 이름표를 달고 인사를 하는 나를 보면서 초면인데도 반갑게 나를 알아봐줬다.

아침마다 좋은 사진을 올리고 인사만 했을 뿐인데 사람들은 내게 많은 호감을 가졌다. 그리고 얼마 지나지 않아 신입회원인 내게 '유통사업단장' 이라는 큰 직책이 주어졌다. 직책이 주어진 만큼 더 열심히 조합 활동을 했고 인천 청라면세점에 내가 만든 용대리 황태를 입점하고 판매를 할 수 있었다. 그러면서 조합원들의 소개와 관심으로 사업은 날개를 달기 시작했다. 나는 사람들이 어떻게 하면 나에게 스며들게 하는지를 알고 있었다.

끌어당기는 힘

영업이라는 것은 직접적으로 나를 포장하고 알리는 것보다 나에게 다가오도록 만드는 기술이 가장 중요하다. 그러한 기술은 어떤 특별한 기술이 아니라 조금만 생각을 바꾸고 부지런해지고 끈기 있게 유지하면 사람들은 조금씩 내게 스며들게 되는 것이다.

나는 오래전부터 꿈꾸던 나의 꿈이자 목표인 책 쓰고 강연하는 것을 배우기 위해 인터넷 서점에서 책 쓰기 관련된 책인 김태광 작가의 《3일 만에 끝내는 책 쓰기 수업》을 주문하고, 인터넷을 뒤져서 '한책협'이라는 카페에 가입을 하게 되었다. 이것도 우연의 일치라고 해야 하는지 주문한 책의 저자가 카페의 대표였다. 운명처럼 내 꿈이 다가온 느낌이라 기분이 더 좋았다. 카페에서 좋은 정보를 얻으며 많은 사람에게 도움을 받고 책도 잘 쓰고 싶었다.

왜냐하면 그렇게도 꿈꾸던 나만의 책을 쓰는 일이기 때문에 내 꿈에 도움이 되는 사람들에게 나를 알려야만 했고 그들이 나를 도와주게 만들어야 했다. 나는 또다시 나를 표현하고 알리기 시작했다. 바로 '카페 활동 열심히 하는 것'이었다.

새벽 5시에 일어나서 출석체크를 하고 제일 먼저 나의 글을 올리고 다른 작가들의 글을 읽으며 많은 에너지를 받고 하나하나 댓글을 달아주었다. 새벽에 일어나 한 시간을 넘게 카페에서 댓글을 달아주었는데 지치거나 힘들지가 않았다. 정말 내가 원하는 꿈을 위해 한다고 생각하니 더욱 설레고 한 사람 한 사람에게 나를 각인시켜 나가는 작업이 너무나 즐거웠다. 이렇게 매일 제일 먼저 인사를 하고 글을 쓰고 댓글을 달고 했더니 그 다음 주에 '이 주의 인기멤버'가 되었다.

네이버카페에서 '이 주의 인기멤버'란 해당 카페에 총댓글수, 총방문

수, 총글올린수를 집계해서 1주일간 가장 열심히 활동한 10명에게 주는 영광의 자리다. '한책협' 카페는 1만3천 명이 넘는 회원이 있었고 하루 방문객이 천 명이 넘는 곳이었다. 거기서 10위 안에 들어가려면 엄청난 노력이 필요한 것이다. 하루 평균 100개 이상의 댓글을 달면서 '김성기'라는 존재를 확실히 각인시켰다. 한 번도 만나지 않은 나에게 많은 작가들이 나의 글에 반갑게 댓글을 달아주고 응원을 해주었다. 그 후 처음 책 쓰기 일일특강이 있던 날 강의장에 들어서서 "안녕하세요! 김성기입니다!"라고 인사를 했더니 거기에 있던 코치진이나 많은 사람들이 나를 알아봤다. 서로 다가와서 먼저 인사를 건네고 마치 내가 오래된 스텝인 듯했다. 역시나 카페활동을 열심히 하고 노력했더니 일일특강 자리도 맨 앞 중간 제일 좋은 자리로 되어 있었다.

어떻게 이런 것이 가능할까?

사람들은 모두가 관심을 받고 싶어 한다. 먼저 누군가가 다가와 주기를 바란다. 세상은 아주 냉정하다. 아무것도 아닌 내게는 그 누구도 먼저 다가오지 않는다. 먼저 다가오기를 기다리기만 하기 때문에 외롭고 힘들어진다. 나의 방법은 내가 먼저 다가가는 것이다. 카페에서 그들의 글에 호응하고 응원하고 박수를 쳐주고 나또한 열심히 글을 올리고 하는 일들을 새벽 5시에 문을 열듯이 매일 실천했다. 어떤 사람이 이렇게 물어봤다.

"그 새벽에 어떻게 매일 그렇게 할 수 있어요?"

대답은 간단했다.

"내 꿈이 그곳에 있고 그 꿈을 이루기 위해서는 그들이 필요했습니다."

오늘도 나는 새벽 5시에 출석체크를 하고 '부자로 가는 감사 일기'를 올리고 전날 밤에 글을 올린 작가들에게 댓글을 달아 주었다. 이제 카페의 모든 사람을 내 사람으로 만들었고 이분들이 내 작은 영업사원으로 활동을 해 줄 것이다.

내가 살아가는 모든 것이 영업이고 인생은 영업의 연속이다.

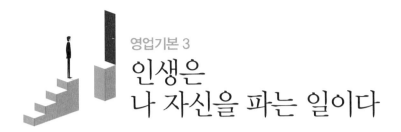

인생은
나 자신을 파는 일이다

넌 뭘 파냐?

사람들이 태어나서 어른이 될 때까지 과연 몇 명을 만나고, 헤어지고, 다시 만날까? 가끔 이런 생각을 해본다. 만날 사람은 만난다, 인연이 있으면 또 만난다, 옷깃만 스쳐도 인연이다.

한용운 시인의 〈님의 침묵〉에 이런 구절이 있다.

'우리는 만날 때에 떠날 것을 염려하는 것과 같이, 떠날 때에 다시 만날 것을 믿습니다.

아아, 님은 갔지마는 나는 님을 보내지 아니하였습니다.

제 곡조를 못 이기는 사랑의 노래는 님의 침묵을 휩싸고 돕니다.'

어릴 때 책상 앞에 붙여놓고 수없이 외웠던 시다. '우리는 만날 때에 떠날 것을 염려하는 것과 같이, 떠날 때에 다시 만날 것을 믿습니다.'

개인적으로 이 구절을 가장 좋아한다. 연애편지를 쓸 때에도 이 시를 많이 인용했던 것 같다.

사람은 만나고 헤어지는 일들을 반복한다. 매번 새로운 사람을 만날 수도 있지만 또다시 만나는 경우도 많다. 그래서 항상 헤어질 때는 나쁜 이미지를 남겨주는 것이 아니라 좋은 이미지를 남겨줘서 다음 만남을 즐겁게 해야 한다.

일도 그렇지만 만남도 유종의 미를 남겨야 한다. 특히 영업을 하는 사람들은 더 철저하게 노력해야 하는 부분이다.

영업사원들은 감정노동자다. 매일매일 새로운 사람들을 만나며 그들의 이야기를 듣고, 불평을 듣고, 문제를 해결해 주기도 한다. 하루가 끝나갈 무렵이면 녹초가 돼서 자신을 잃어버리는 경우도 많고 하루의 치열했던 일과를 술로 달래는 사람들도 많다.

그런데 고객들은 영업사원들의 어떤 점을 보는 것일까? 영업사원이 파는 상품을 보는 것일까? 영업사원의 회사를 보는 것일까? 아니면 영업사원의 스펙을 보는 것일까? 어쩌면 이런 것들은 기본적인 것이다.

사람들은 영업사원들의 외모, 말투, 습관, 억양, 제스처, 마음가짐, 표정, 이 모든 것을 본다. 바로 그 사람의 라이프스타일을 보는 것이다. 그래서 영업은 라이프스타일을 판다는 말도 있다.

예전에 영업을 시작할 때 선배 영업사원이 내게 물어봤다.

"넌 뭘 파냐?"

"전, 자판기를 팔고 있습니다!"

당시 대학교 4학년 2학기, LG자판기로 취업을 나갔을 때였다. 선배는 다짜고짜 물어봤기에 얼떨결에 자판기를 판다고 이야기했고 그것이 사실이었다. 내가 하는 일은 가가호호 다니면서 자판기 영업을 하는 것이었다. 사람들을 만나서 상품설명을 하고 자판기를 설치하면 이윤이 이렇게 나고 꼭 필요한 상품이라고 설득하면서 영업을 하는 것이 주요 일이었기 때문에 그렇게 대답을 한 것이다.

그런데 선배는 내게 이상한 말을 했다.

"야! 너를 팔아야지, 무슨 자판기를 팔고 있어!"

아니, 이게 무슨 말인가? 나를 팔라니. 내가 얼마짜리인 줄 알고 나를 팔라는 거야? 내가 노예야? 사고팔고 하게? 속으로 많은 생각을 하게 됐다. 그런데 선배는 "고객은 네가 파는 상품을 보겠지만 제일 먼저 너를 먼저 보는 거야! 너의 외모, 옷 입는 스타일, 구두, 시계, 가방, 말투, 그리고 너의 손톱 밑 때까지 한눈에 너의 모든 것을 스캔해서 본다고! 이게 무슨 말인지 알겠어? 바로 너의 라이프스타일을 보는 거라고! 라·이·프·스·타·일!" 그때서야 이해가 됐다.

영업사원은 물건을 팔기에 앞서 나의 라이프스타일을 파는 것이라는 것을. 물론 항상 깔끔하게 영업사원의 외모와 마인드를 갖고 영업을 하긴 했지만 선배의 말을 듣고는 새삼 나를 돌아보게 됐다. 내 말투는 좋은가. 천천히, 또박또박 말을 하고, 끝을 흐리지 않는가. 와이셔츠는 잘 다려져서 깨끗한가, 구김이 있지 않은가, 구두는 잘 닦고 깨끗하게 했는지, 머리스타일은 흩어지지 않았는지, 나의 눈빛은 살아 있는지, 시계는 잘 찼는지, 양복주머니가 두둑하지 않은지, 입 냄새는 안 나는지, 양말은 양복과 어울리게 신었는지, 가방을 똑바로 들고 인사를 했는지…. 나 자신을 둘러 볼 것이 너무나 많았다. 머리부터 발끝까지 또 다시 점검하게 됐다.

영업은 나를 파는 것이지 절대 상품을 먼저 파는 것이 아니다. 천 원짜리는 물론이고 몇 십 억짜리 상품을 파는 영업사원이 허름한 옷을 입고 슬리퍼를 신고, 머리는 헝클어지고 말투는 동네 불량배처럼 하고 껌을 쫙쫙 씹으면서 고객에게 다가 간다면 고객의 반응은 어떨 것인가? 문도 열어주지 않고 그 자리를 피할 것이다.

얼굴 근육을 쓰면 따라오는 것

영업사원들은 첫인상에 모든 것이 달려있다고 해도 과언이 아니다.

한화에서 신입사원 교육을 맡아서 했는데, 한화호텔앤드리조트는 고객접점에서 항상 웃으면서 감동의 서비스를 해야 하는 회사다. 그래서 신입직원들이 오면 제일 먼저 스타일과 인사하는 법을 배우게 된다. 그리고 내적인 마인드와 여러 가지 에티켓을 배운다. 내가 신입사원 교육과정에서 두 시간 가량 교육을 할 때 첫 시간에 했던 것이 '웃음치료'였다.

나는 '웃음치료사'자격증이 있었다. 누가 권유해서 딴 것도 아니고 회사에 필요해서 딴 것도 아니다. 나 스스로 웃음이 더 필요해서 그리고 다른 사람들에게 웃음을 줄까 하고 자격증을 땄던 것이다. 그날은 웃음치료 시간이 정규교육에 들어가 있지 않았지만 내가 깜짝 교육으로 넣었던 것이다.

신입사원들이 2박 3일로 교육을 받다보니 많이 지쳐 있었다. 옷도 편한 스타일이 아니라 거의 정장을 입고 교육을 받고 있었기 때문에 다들 힘들어 보였다. 나는 상품 교육만 하게 되어 있었지만 특별히 '웃음치료' 교육을 한 시간 해주기로 했다. 웃음치료 교육은 특별한 것이 없다. 그냥 한 시간 내내 웃게 만들고 웃으면 되는 것이다. '행복해서 웃는 것이 아니라 웃어야 행복하다'라는 말이 있듯이 내가 웃으면 다른 사람도 행복해 지는 것이다.

사람의 얼굴 근육에서 웃을 때 필요한 근육의 수는 14개인데, 찡그리거나 인상을 쓰는 표정을 지을 때는 무려 72개의 얼굴 근육을 쓴다고 한다. 그래서 웃는 것이 얼굴을 찡그리는 것보다 훨씬 쉽다. 신입직원들은 한 시간 내내 웃으면서 표정이 완전 달라지고 피로를 모두 잊은 듯 했다. 나 역시도 너무 많이 웃어서 얼굴이 땅길 정도였지만 기분이 상쾌하고 피곤도 다 사라졌다. 얼굴에 미소가 가득하면 그 사람한테는 좋은 기운이 나와서 사람들이 피하는 것이 아니라 좋은 기운에 이끌려 다가오게 되어 있다.

영업을 할 때 방정맞게 마구 웃으면서 인사를 하는 것이 아니라 평소에 웃는 연습과 미소를 열심히 연습을 하면 자연스럽게 미소가 장착이 되고 편안한 인상을 주어서 고객과의 첫 대면에서 굉장히 호감을 갖게 만든다. 그러면 고객은 내게 마음을 열게 되고 적극적으로 나의 설명을 듣게 된다.

영업이 단순히 상품만 파는 것이라면 영업사원은 필요 없을지도 모른다. 그런데 상품만을 파는 것이 아니라 그에 앞서 먼저 나를 파는 것이고 나의 진심과 가치를 모두 팔아야 고객은 진정한 내 사람이 된다.

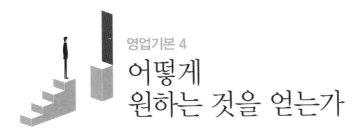

영업기본 4

어떻게
원하는 것을 얻는가

사무실 문 첫째로 열기

스튜어트 다이아몬드의 《어떻게 원하는 것을 얻는가》라는 20년 연속 와튼스쿨 최고 인기 강의가 책으로 나왔다. 그 책에서 스튜어트는 이렇게 말한다. '이 책은 누구나 원하는 것을 얻을 수 있다는 긍정의 메시지를 담고 있다. 나는 이 책을 읽는 독자들의 삶에 실질적인 도움을 주기 위해 책을 썼다. 단언컨대 누구든지, 어떤 성격의 소유자든지, 책 속의 내용을 충실히 익힌다면 상대가 누구라도 훌륭한 협상가가 될 수 있다.'

나는 이 책을 2012년에 읽었다. 그런데 스튜어트의 책 속에 나온 훌륭한 협상은 이미 2003년 최연소 최단시간으로 팀장에 오를 때 활용했었다.

삼성에스원에서 영업사원 전국 1등을 하고 다른 영업을 배워 볼까하고 알아보다가 2003년 9월 대명리조트에 입사했다. 리조트 분양은 부자들 또는 기업에 파는 아주 고급 영업, 부자 영업이었다. 수당도 다른 영업에 비해 아주 많아 보여서 과감히 입사지원을 했고 바로 다음날 출근했다.

그런데 출근하고 보니 대부분 나보다 나이가 많은 영업 베테랑들이 모여 있었다. 억대연봉자들이 즐비했고 매일이 축제같은 곳이었다. 그당시 영업사원들의 수당을 월급이 아닌 주급으로 주었기 때문에 곳곳에 수당을 많이 받은 사람들은 잔치 분위기였다. 신입사원으로 아무것도 모르고 들어간 나는 어리둥절할 뿐이었다. 그때 생각한 것은 '이곳은 돈을 많이 벌 수 있는 회사구나'였다.

그 당시 리조트 영업은 누가 제대로 교육을 시켜준 적이 없었다. 내가 소속한 제2영업사업국 국장이었던 '전' 국장님이 직접 리조트를 설명해주고 영업을 가르쳐 주었다. 전 국장님 역시 대명에서 영업으로 톱을 달리던 베테랑 영업사원이었기에 잘 가르쳐 주었다. 조금씩 영업을 배워 나갔고 처음이라 실적이 그다지 좋진 않았지만 열심히 일했다.

입사 다음날 아침 7시에 출근하니 국장님이 나와 있었다. '우와 내가 일등일 줄 알았는데 먼저 나와 계시는구나. 그래서 성공을 하는구나.' 그래서 다음날 더 일찍 6시 40분에 출근을 했다. 아무도 없었다. 사무실 불을 켜고 자리에 앉아서 하루를 설계했다. 그렇게 매일 누구를 만나고 우편물은 몇 통 보내고 영업은 어디로 갈까하고 계획하고 열심히 영업을 했다. 시간이 지나면서 조금씩 실적이 올랐고 자리를 잡기 시작했다.

입사한 지 3개월 정도 지났을 때 전체 팀 개편이 있을 거라는 소식을 들었다. 그 순간 이것이 기회가 될 것 같았다. 팀장이 되고 싶었다. 물론 나이가 어리고 경력도 가장 짧았지만 난 무조건 팀장이 되고 싶었다. 그래서 국장님께 팀장이 되고 싶다고 했다. 국장님은 웃으면서 대꾸도 안했다. 말도 안 되는 소리라는 것이다. 이미 기존 직원 중에 경력도 있고 나이도 있고 실적도 좋은 사람 세 명을 팀장으로 내정하고 있었기 때문이다. 그렇지만 아직 확정 발표가 난 것이 아니기 때문에 포기하지 않았다. 국장님과 참치전문점에 가서 저녁을 먹으면서 팀장이 되고 싶다고 계속 이야기를 했지만 역시나 말도 안 되는 일이고, 절대 안 된다고 단호히 말씀하셨다. 오기가 생겼다. 사무실에서 지나치다가도 "팀장이 되고 싶습니다" 하고 쓰윽 지나가고, 틈만 나면 팀장이 되고 싶다고 이야기를 했다. 친한 동료가 그만하라고, 그러다가 쫓겨난다고 말렸다.

글쎄, 된다니까

2004년 1월 팀 개편이 이뤄지는 날, 나는 1팀장이 되어 있었다!

1, 2, 3팀 중에 2팀도 아니고 3팀도 아니고 1팀장이 되어 있었다. 무슨 일이 있었을까? 영업사원의 기본은 근무태도, 즉 '근태'라고 생각한다. 나는 입사 후에 단 한 번도 지각을 한 적이 없었고 제일 먼저 사무실에 불을 켜고 들어오는 직원이었다. 실적은 남들보다 뛰어나진 않았

지만 점점 성장하고 있는 젊은 영업사원이었다. 그리고 다른 사람들과의 관계도 좋고 리더십도 있었다. 이러한 모든 것이 나를 재평가하게 되었고 결정적으로 팀장발표가 있는 날 팀장 내정자였던 직원이 전날 술을 먹고 출근을 하지 않았던 것이다. 평소에도 근태가 그리 좋지 않았던 탓에 국장님 마음에는 들지 않았지만 실적도 좋고 경력도 좋았기에 내정을 하고 있었는데 결국 그 날의 실수로 팀장에서 탈락되고 어부지리로 내가 팀장이 되었다. 나는 전날까지도 끊임없이 팀장을 갈구했고 될 것이라고 믿었다. 그래서 결국 팀장이 되었다.

그런데 우리 팀은 우리 부서에서 가장 어리고 실적이 가장 하위인 직원들로 모아 났다. 물론 당연한 것일 수도 있다. 내가 나이도 어리고 경력도 짧기 때문에 기존직원들이 내 팀에 들어오고 싶지 않았을 것이다. 작은 회의실에서 우리 팀 5명을 모아놓고 첫 회의를 했다. 그리고 이렇게 말했다.

"우리 팀은 지금 가장 어리고 실적이 최하위입니다. 그렇지만 난 여러분들과 함께 최고의 팀으로 발돋움할 것입니다. 반드시 우리 팀이 빠른 시간 내에 1등을 한다고 확신합니다." 그리고 2개월 후 우리 팀은 월등한 실적으로 1등을 했다.

사회생활을 하면서 그리고 세상을 살아가면서 하고 싶은 일도 많고, 갖고 싶은 것도 많고, 가고 싶은 곳도 많다. 우리는 늘 생각만 하고 행동을 하지 않을 때가 많다. 내가 진정 원하는 것이 있고 되고 싶은 것이 있다면 무조건 행동으로 옮겨야 한다. 될 때까지 포기하지 말고 노력하고 성취해야 한다. 가만히 앉아 있으면 아무도 나를 바라봐주지 않는다. 내가 먼저 다가가고, 먼저 행동하고, 먼저 손을 뻗어야 내가 원하는 것을 얻을 수 있다. 얼마 전 손석희 아나운서가 이런 말을 했다.

'절대로 포기하지 마라, 절대로 포기하지 마라, 그리고 절대로 포기하지 마라!'

내가 두 번째 차를 살 때였다. 30살에 첫차를 뽑고 7년이 지났을 때 20만km를 넘었다. 전국을 오가며 수없이 달린 내 첫차였지만 20만km가 넘으니 바꿔야겠다고 생각을 했다. 결혼을 하고 첫아이가 태어나고 돈도 많이 들어가는 시기라 새 차로 바꾸려니 큰돈이 들었다. 당시 아파트 대출금을 다 갚은 상태라 수중에 돈이 없었다. 그래서 아내에게 이렇게 말했다.

"차를 바꿔야겠어. 그랜저로 바꾸려면 3천만 원 정도 들어가는데 바꿔도 될까?"

아내는 나를 보면서 이렇게 이야기를 했다.

"차도 오래됐고 바꾸고 싶으면 바꾸라고. 그런데 돈이 없다. 어떻게 바꿀 거냐?"

나는 '걱정 말아라, 다만 3개월 동안은 생활비를 못 줄 수도 있다'고 이야기했더니 알았다며 그렇게 하라고 했다. 아내는 늘 나를 믿어주었다.

다음날 현대자동차대리점에 갔고 그랜저 가격을 물어보니 3천만 원이 조금 넘었다. 그래서 현재 현금을 가진 것이 없어서 일단 카드를 알아봤더니 3개월 무이자가 가능하다고 했다. 그래서 카드 몇 개를 만들고 한도를 늘려서 3개월 무이자로 계약을 해버렸다. 자동차 영업사원은 부담이 될 텐데 그냥 할부로 사면 편하지 않겠냐고 할부를 권했지만 나는 자신 있었다. 그리고 이렇게 저질러야 영업이 더 잘될 것 같았다.

자동차를 계약하고 사무실에 앉아서 계획을 세웠다. 일단 무조건 저지른 상태라 대책이 필요했다. 다이어리에 계획을 적었다. 한 달에 천만 원이 필요했고 3개월 연속 천만 원 이상 돈을 벌면 되겠구나! 아주 간단하게 해결책이 쓰였다. 그런데 한 달에 천만 원을 번다는 것이 만만치가 않았다. 그렇지만 내가 누구인가 불굴의 김성기 아닌가? 바로 행동으로 옮겼다. 3천만 원을 벌기 위해서 내가 리조트를 몇 개를 팔아야 하고 어떻게 팔아야 하는지 머릿속에 그려졌고 여기저기 전화를 걸기 시작했다. 기존회원에게 소개도 부탁하고 각종 광고도 더 열심히 냈고 무조건 3천만 원을 벌어야 된다는 신념 하에 앞만 보며 달렸다.

3개월 후! 매달 1천만 원씩 3개월 할부 카드 값을 모두 갚았다. 아내는 그런 나를 보고 "대단해! 당신이 할 수 있다고 믿었어! 당신은 늘 그렇게 무모하게 도전하고, 한 번도 못한 적이 없었으니깐!" 이런 이야기를 들으니 기분이 너무 좋았다. 그날 우리는 멋지게 외식을 했다.

'어떻게 원하는 것을 얻는가?'

사람의 일이란 모두가 알 수 없다고 말하지만 진정 사람의 일은 언제나 내가 만들어 나갈 수 있다. 많은 사람들이 조금 해보고 포기를 한다. 요즘 유행하는 말 중에 '그릿(GRIT)'이란 단어가 있다. 성장(Growth), 회복력(Resilience), 내재적 동기(Intrinsic Motivation), 끈기(Tenacity)의 줄임말로 '지속적인 열정'으로 해석이 된다. 열정은 누구나 있지만 그것이

지속적이냐 지속적이지 않느냐에 따라 인생이 달라진다.

나는 끊임없이 원했고 지속적으로 갈망했다. 그리고 아무도 안 될 거라는 상식을 뒤집었다. 당신도 원하는 것을 얻고 싶은가? 그러면 끊임없이 갈망하고, 원하고, 열정을 다하라.

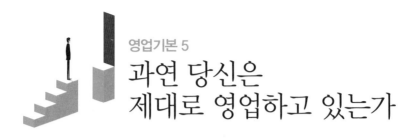

과연 당신은
제대로 영업하고 있는가

착한 영업

영업을 하면서 많은 영업사원들이 스스로에게 질문을 한다. '지금 내가 이렇게 영업을 해도 되나? 괜찮나?', '아무 일 없을 거야', '일단 팔고 보자, 어차피 팔면 그만이지', '돈 벌어야지, 내 생각만 하자!' 끝없이 자신과의 대화를 한다. 그렇지만 많은 영업사원들은 자신에게 잘못을 저지르고 있고 고객에게도 잘못을 저지르며 정직한 영업을 못하고 있다. 그리고 그러한 잘못을 인식하고 고쳐나가는 영업사원이 있는가 하면 나 몰라라 하는 영업사원들도 있다. 우리는 어떤 영업사원이 될 것인가. 정직과 신뢰를 주는 영업사원이 될 것인가, 아니면 오늘만 사는 영업사원이 될 것인가? 선택은 바로 나 자신에 달려있다.

대학교 4학년 2학기에 취업을 나왔다. 서울에 있는 LG자판기 판매 사업을 하는 곳이었다. 입사원서를 내고, 면접을 보고, 바로 다음날 취업을 해서 자판기 영업을 시작했다. 물론 LG자판기를 파는 곳이지만 자판기판매 전문회사같은 곳이었다. 그때가 2001년이었다. 커피자판기 시장은 하향세로 접어들고 있었다.

모든 식당에서 작은 커피자판기를 설치해서 무료커피를 주는 시기였다. 내가 했던 주된 일은 커피자판기, 음료자판기, 뽑기자판기 등을 판매하는 영업이었다.

젊은 혈기에 항상 열정이 넘쳤기 때문에 첫날부터 브로슈어를 들고 영업전선으로 나갔다. 작은 상점들이 즐비한 곳을 찾아다니며 전단지를 뿌리고 가가호호 방문해서 자판기설명을 했다. 처음 하는 일이라 서툴고 어색했지만 무조건 팔아야 한다는 신념으로 열심히 돌아다니고 설명하는 일을 반복했다.

입사한 지 며칠 지나지 않아 첫 계약을 따냈다. 동료들은 갓 들어온 신입직원이 실적을 올리니 긴장을 하기 시작했다. 그 후로 계속해서 상승세를 이어갔고, 자판기를 잘 판매하게 되었다. 수당도 좋았기에 신나게 닥치는 대로 판매하기 시작했다. 그 무렵 이런 상승세라면 돈을 많이 벌 것이라 생각하고 기분 좋게 뛰었다.

어느 날 작은 담뱃가게 앞을 지날 때였다. 연로하신 할머니가 상점을 보고 있었다. 상점 주위엔 식당들이 즐비했고 나름 상권이 괜찮은 자리 같았다. 식당에서 식사를 하며 나오는 손님들이 커피를 한 잔씩 들고 나오고 있었다. 담뱃가게 할머니에게 자판기 설명을 하면서 내심 팔아야 되나 말아야 되나하는 고민을 하면서 설명을 했다. 이 자리에서 하루 10잔만 커피를 팔아도 남는 장사라면서 모든 영업기술을 발휘해서 설득을 했다. 할머니는 수백만 원을 호가하는 자판기를 대출 할부를 끼고 계약을 했고 또 하나의 실적을 올렸다.

그런데 이것이 내게 많은 생각을 하게 했다. 자판기를 팔면서 무슨 생각을 했는가? 단지 나의 실적과 돈만 벌려고 했는가? 할머니를 생각하고 팔았는가? 할머니는 한 푼이라도 더 벌고자 내 말을 믿고 계약을 했는데 지금 무슨 짓을 한 건가? 이런 질문들을 스스로에게 하니, 모두가 나만을 위한 것이었고 할머니를 전혀 배려하지 않은 나쁜 판매라는 결론이 나왔다.

할머니는 어떻게든 살아보려고 자판기를 놨지만 내가 봤을 때 그 상권에서 자판기는 솔직히 장식품으로 전락될 가능성이 많았다. 양심의 가책을 느꼈고 이러면 안 될 거라 생각을 하고 다음날 할머니를 찾아가서 계약을 해지하자고 했다. 할머니는 놀랐지만 나의 설명을 듣고 고마워했다. 안 그래도 많이 불안해 하셨다고 했다.

그리고 회사에 돌아와 해약설명을 하고 사표를 냈다. 대표는 누구보다도 자판기 실적이 좋은 내가 갑자기 그만둔다는 말에 놀랐

고 힘들여 설득을 했지만 나는 확고했다. 다시는 어려운 사람들에게 등쳐먹듯이 물건을 팔고 싶지 않았다. 제대로 된 영업을 하고 싶었고 기왕이면 가난한 사람보다 부자들에게 영업을 하고 싶었다.

유혹의 저울대

영업을 하면서 수없이 많은 딜레마에 빠진다. 내가 하고 있는 영업이 좋은 영업인지 나쁜 영업인지, 내가 하는 방법이 맞는 방법인지 아닌지, 영업을 해서 돈을 많이 벌 수 있는지 적게 버는지, 영업을 계속할 것인지, 그만 둘 것인지 하루에도 수백 번도 더 고민을 하고 갈림길에 빠진다. 이것은 내게 뚜렷한 목표가 없기 때문이다. 장기적인 목표를 세우고 내가 앞으로 영업으로 어떻게 인생을 펼칠 것인가. 내가 추구하고 갈망하는 것이 무엇인가? 이런 목표가 있어야 흔들리지 않는 것이다. 또한 정도(正道)의 영업을 해야만이 떳떳한 영업사원이 될 수 있다. 눈앞의 실적만을 생각한다면 고객의 입장을 고려하지 않게 되고 물건을 판매하긴 했지만 고객은 피해자가 될 수도 있다. 영업사원은 그러한 모든 점을 간과해서는 안 된다.

나는 곧바로 삼성에스원 세콤영업, 리조트영업 등 부자를 상대로 하는 영업으로 방향을 바꿨다.

리조트영업은 경쟁이 엄청 치열하다. 우리나라 부자동네, 부자아파트에 가보면 리조트 홍보 우편물이 가득하다. 그 속에서 다른 경쟁사와 경쟁을 하는 경우도 많지만 같은 회사 영업사원끼리의 소리 없는 전쟁도 치열하다. 누가 먼저 만나느냐는 중요하지 않다. 먼저 계약하는 사람이 승자였다. 서로 물고 뜯고 상처 받는 일들이 비일비재했다.

내가 한창 억대연봉으로 잘나가던 시절이었다. 어느 날 선배 영업사원한테 연락이 왔다.

"김 팀장 이번에 계약한 사람, 어떻게 계약했어? 무조건 김 팀장하고 계약한다고 했던데 비법이 뭐야? 내가 알아 봤는데 여러 영업사원들이 김 팀장이 계약한 고객에게 여러 가지 혜택을 더 주고 할인해주고 감언이설을 했는데도 김 팀장하고 계약한다고 했다고 하던데 더 많은 혜택을 줬어?"

이런 질문을 받고 한마디만 했다.

"저 모르세요?"

당시 나는 고객에게 혜택이나 할인을 단 한 개도 더 주지 않는 사람으로 유명했다. 혜택을 더 주고 판매하는 것은 회사에서도 엄격히 규제하는 것이기 때문에 그렇게 영업을 하고 싶지 않았다. 선배는 "김 팀장은 절대 그렇게 영업하는 사람이 아니지, 알겠어!" 하고 전화를 끊었다.

내 영업의 철칙은 본연의 상품을 제대로 파는 것이다. 다른 어떤 혜택과 할인으로 유혹해서 물건을 팔고 싶지 않았다. 나 자신을 팔고 신뢰를 팔아서 고객이 나를 믿고 제대로 사게 하는 것이 목표였다. 또한 부자들은 작은 감언이설로 쉽게 넘어가지 않는다. 그리고 함부로 조언을 하거나 으스대지도 않는다.

부자들을 많이 만나면서 이들이 왜 부자가 되었는지 크게 배울 수 있었다.

계약을 마치면 고객에게 꼭 이런 말을 한다. "사장님, 사장님은 오늘 저를 알게 되어서 큰 행운을 얻은 겁니다!" 그러면 고객은 큰 웃음을 지으면서 앞으로 잘 부탁한다고 한다. 고객을 대할 때는 항상 같은 위치에서 대화를 해야 상대방도 나를 인정하고 신뢰하게 된다. 마지막에 자신감 있는 한마디는 고객에게 오래 기억되게 된다.

영업을 한다는 것은 단순히 물건을 파는 것이 아니다. 나를 파는 것이다. 나의 행동, 말투, 생각, 외모 등 외적인 것과 내적인 나를 파는 것이다. 눈앞의 이익만 생각하고 물건을 파는 것은 장사꾼이나 하는 것이고 진정한 영업사원은 진심으로 고객에게 제대로 판다. 이것이 나와 고객을 모두 만족시킬 수 있는 진정한 영업이다.

영업은 운이 아니다

12억짜리 계약서

영업사원들 중에는 흔히 이런 말을 한다.

"와우, 운이 정말 좋다. 그걸 어떻게 계약했어? 넌 역시 운이 좋아!"

과연 운일까? 솔직히 이런 말들은 말도 안 된다고 생각한다. 영업엔 운이 없다. 모든 것은 내가 만들어놓은 것이 결과로 나오는 것이지 하늘에서 뚝딱 떨어지지 않는다. 하루하루 열심히 준비하고 나를 만들어놔야 결과가 나오는 것이다.

내가 12억짜리 계약을 단 하루 만에 한 번만의 미팅으로 마무리 한 적이 있다. 사람들은 주위에서 이구동성으로 이야기를 했다. 운이 좋다고! 그런데 거기에는 다른 무엇이 있었다.

영업에서는 내가 투자를 하지 않으면 아무것도 얻을 수 없다는 것이 철칙이다. 그냥 공짜 광고에 공짜 발품에 내 돈은 하나도 투자하지 않고 영업을 하는 사람들이 주위에 너무나 많다. 그러기에 그들은 스스로 운이 나쁘다고 투덜대며 실적도 바닥이다.

리조트에서 영업을 할 때, 그 당시에는 신문광고와 인터넷 광고가 대세였던 시절이다. 잡지광고는 비용은 크지만 성과가 별로 없어서 영업사원들이 투자를 잘 하지 않을 때였다. 그때 나는 생각을 달리했다. 고가의 상품을 팔려면 고가의 광고를 하는 게 맞고 부자들이 보는 잡지에 광고를 내는 것이 맞다고 판단했다. 그 무렵 고급 잡지 중에 〈LUXURY〉라는 잡지가 있었는데 단 한 번의 광고로 300만 원을 투자해야 하는 것이었다. 나는 과감히 럭셔리 잡지에 광고를 실었다.

며칠 후 전화 한 통을 받았는데 어떤 남성분이 12억짜리 리조트에 관심이 있다고 회사로 와달라고 하는 것이 아닌가. 순간 쾌재를 불렀다. 그리고 과연 누굴까. 어떻게 내 전화번호를 알아서 전화를 했을까? 의문이 들었다. 그때까지만 해도 잡지를 보고 전화했다고는 생각도 못했다.

열심히 자료를 준비했지만 주위의 영업사원들은 내게 부정적인 말들만 했다.

"가봤자 그냥 물어보는 거야."

"그걸 아무나 사냐?"

"헛꿈 꾸지 마라."

온갖 부정적인 말로 나의 사기를 저하시켰다. 그렇지만 내가 누군가? 초긍정적인 마인드의 소유자 아닌가. 그들의 말을 들은 채 만 채, 내 작업을 했고 자료를 만들면서 '반드시 계약한다, 반드시 계약한다!'

를 외쳤다. 당연히 계약을 할 것이기에 계약서도 준비했다.

천안에 있는 회사에 방문상담을 갔다. 전화를 주신 대표이사에게 전화를 했는데 연락도 안 되고 전화가 불통이었다. '이거 낚인 건가? 무슨 사정이 있겠지? 아니야, 연락이 올 거야' 하며 수많은 질문을 자신에게 던지고 있었다. 약속시간이 한 시간이나 지났다.

나는 낙담을 했다. 사람들의 말이 맞는 건가? 아닐 거야! 그럴 리가 없어! 혼자 되뇌면서 차에 올라탔을 때 눈앞에 그 회사의 통근버스가 보였다. 버스에는 이런 슬로건이 쓰여 있었다. '열정과 PRIDE' 순간 너무나 멋진 글귀라는 생각이 들었다.

저기 쓰여 있는 슬로건처럼 '열정을 다시 불태워야겠다'라고 생각하고는 전화를 줬던 대표님에게 문자를 보냈다.

"대표님, 방문상담을 왔는데 연락이 안 되어 돌아가려 합니다. 그런데 회사 차에 '열정과 PRIDE'를 보고 많은 것을 느꼈습니다. 먼 곳을 왔지만 이 문구가 제 발걸음을 헛되지 않게 했습니다. 감사합니다. 다음에 뵙겠습니다."

문자를 보내고 시동을 거는데 갑자기 전화가 오지 않는가? 바로 기다리던 대표님이었다. 오늘 회의가 길어져서 연락을 못 받았다며 미안하다고 하면서 담당자를 대기시켜 놨으니 마무리하고 가라고 하는 것이 아닌가! 순간 꿈인지 생시인지 얼떨떨했다.

회사에 들어가서 담당 부장과 상담을 했고 그 자리에서 12억짜리 계약서를 마무리했다. 그리고 바로 12억을 입금 받았다! 지금 그 부장님은 임원이 되셨고 사장님은 회장님으로 그리고 그 회사는 그때보다 10

배 이상 성장한 회사가 되어 있다.

내 경험이 단순히 운이 좋아서 계약을 한 것일까? 생각해 보면 남들이 하지 않는 비싼 광고를 했고 한 시간 이상 기다렸다. 그냥 욕하면서 돌아가는 영업사원이 아닌 그곳에서 깨달음을 얻었다고 대표에게 정중히 문자를 보내고, 단 한 번도 안 될 거라 생각을 안 했다.

이것이 운인가? 운이 아니다. 나의 노력이고 끊임없는 도전이며 반드시 된다는 강한 의지가 만들어놓은 산물이다.

고구마줄기 보안시스템

무인경비시스템인 세콤영업을 하고 있을 때다. 강남역 근처에 '점프밀라노'라는 대형쇼핑몰이 들어서고 있었다. 수많은 영업직원들이 대형쇼핑몰 자리에 터파기 작업을 시작할 때부터 영업을 하기 위해 도전을 했는데 아무도 그곳을 계약하지 못했다. 왜냐하면 그곳은 사설 경비를 자체적으로 쓰는 것으로 되어 있었다. 영업사원들은 그런 정보를 듣고는 포기하기 시작했다. 그런데 나는 괜한 오기가 생겼다.

사설경호업체가 경비를 책임지더라도 틈이 생기기 마련이기 때문에 수시로 근처를 배회했고 드디어 관리소장님을 만나게 되었다. 명함을 드리고 인사를 했더니 이런 명함 하루에도 수십 개는 더 받는다고 했다. 여기서 포기할 내가 아니었다. 박카스 한 박스를 사서 다시 갔다. 그래도 혹시 모르니 빌딩 시공업체 사무실을 집요하게 물어보았고 결국엔 길 건너에 있는 사무실을 알려줬다. 나는 곧바로 사무실을 찾아가 담당실장을 만나서 경비관련 이야기를 강력히 설명했다. 처음에는 관리소장과 같은 말을 했다. "이곳은 24시간 경비가 순찰을 하며 보안을 할 예정입니다."

그렇다고 여기서 포기할 사람은 아니다. 어떻게 이곳까지 찾아왔는데 여기서 포기를 한단 말인가? 무인경비의 필요성과 안전성을 열정을 다해서 설명을 했고 담당실장은 한참 듣더니 고개를 갸우뚱거리면서 일단 보안시스템을 만들어 오라며 10개 층 빌딩도면을 내주었다. 나는 쾌재를 부르며 내일까지 만들어오겠다고 하고 회사로 복귀했다.

물론 계약한다는 보장은 없었지만 다른 영업사원보다 한걸음 더 전진했다는 승리감이 들었다. 밤을 꼬박 새워서 10개 층 보안을 설계했다. 그리고 다음날 설계도면을 갖고 담당자를 만나서 10층짜리 빌딩 계약을 따냈다!

회사에서는 난공불락을 어떻게 무너뜨렸냐면서 대단하다고 칭찬을 해줬다. 선배 영업사원들은 저마다 자신이 먼저 갔었다면서 불만의 눈초리로 바라보았고 신입사원이 운이 정말 좋다고 떠들었다. 그런데 더 중요한 것은 지하 1층 매장이 귀금속매장으로 꽉 채워진다는 사실이었다.

대략 30~40개의 귀금속업체가 들어설 예정이었는데. 이건 뭐 완전 고구마줄기였다. 빌딩담당실장에게 지하 귀금속매장 독점권 허가를 받아 입주자 연락처를 받아서 일일이 전화하여 상담하고 계약까지 모두 성공시켰다. 영업은 키맨(중심인물)을 만나는 것이 가장 중요하고 끊임없는 도전과 열정이 중요하다는 것을 깨달았다.

그 달에 1년을 목표로 했던 계획이 8개월로 앞당겨졌다. 전국 1등을 하면서 상장도 받았고, 받은 영업수당이 1,680만 원 정도나 됐다. 작은 중

소기업의 연봉같은 금액이었다. 엄청난 성과를 빠른 기간에 이뤄냈다.

영업은 운이 아니다. 영업은 끊임없이 노력하고 열정을 다하고 내 자신을 만들었을 때 비로소 판매왕이 될 수 있는 자격이 생기는 것이다. 다른 사람보다 더 일찍 일어나고 더 열심히 공부하고 남들보다 한 발짝이라도 더 뛰어야 성과를 가져 올 수 있다.

수많은 영업사원들이 남들을 비꼬고, 본인의 영업이 안 될 때 세상 탓을 하거나 자신은 운이 없다고 떠들어댄다. 그런 영업사원은 평생 그렇게 살다가 이일저일 조금씩 일하다가 포기하고 또 다른 일하다가 포기하면서 인생을 허비하게 된다.

어떤 일에 있어서 본인이 소속된 곳에서 좋은 성과를 내지 못하면 결국 다른 곳으로 옮겨도 같은 결과를 가져온다.

제일 중요한 것은 자신의 생각을 바꾸는 것이다. 남 탓, 세상 탓을 할 것이 아니라 모든 일에 최선을 다하고 열정을 불태우면 세상에는 안 될 일이 없고 내가 원하는 모든 것을 할 수 있는 곳이 바로 이 세상이다. 결코 영업은 운이 아니다.

영업은 말이 아니라 진심으로 하는 것이다

'방이 터졌다'

흔히들 영업은 말을 잘해야 한다고 한다. 말은 강력한 무기다. 하지만 그 말에 진심이 들어가 있지 않으면 힘이 없다. 거리의 노점상이 건성으로 '이거 하나 사세요!'라고 말하는 것과 상대방의 눈을 보면서 진심어린 말로 '이거 하나 사세요!'라고 하는 말은 천지 차이다. 말 한마디를 하더라도 내가 어떠한 마음으로 하고 어떻게 행동하느냐에 따라서 상대방의 반응은 180도 달라진다.

고객은 귀신이다. 내가 진심을 다해서 말을 하고 행동하는지 아니면 그냥 매뉴얼대로 행동하고 말하는지 단번에 알아챈다. 또한 고객이 진심을 알아채는 순간 고객은 내 영원한 동반자가 된다.

리조트에서 영업을 하던 때에 1억 이상의 고가의 상품을 분양받은 분이 있었다. 연휴에 가족과 함께 여행을 가려고 하니 방을 부탁한다고 연락이 왔다. 난 당연히 해드린다고 했다.

"연휴라 상당히 어려우실 텐데 가능하시겠어요? 우리 일정 잡아도 되는지요?"

"걱정하지 마세요! 사람이 하는 일인데 안 되는 일이 어디 있겠습니까? 걱정하지 마시고 미리 짐 싸놓고 가족과의 행복한 여행만 생각하세요!"

그러고는 전화를 끊었다. 그날 연휴에 대기자만도 수백 명이었다. 그렇지만 고객에게 꼭 해주고 싶은 마음이 있었다. 늘 그랬듯이 모든 것은 해결이 될 거라 믿었다.

연휴가 다가오고 리조트 객실 상황은 점점 어려워졌다. 여기저기 영업사원들은 객실을 구하려고 혈안이 돼 있었다. 내가 약속한 고객에게 까딱하면 약속을 못 지킬 상황이 오고 있는 듯 했다. 예약실로 가서 예약담당자에게 상황을 물어보고 간곡히 부탁했다. 담당자는 난감해 하며 전혀 없다고 단칼에 말을 잘랐다. 솔직히 예약담당자도 많이 귀찮고 힘들겠지만 우리를 대하는 자세가 너무나 기분이 나빴다. 그렇지만 고객과의 약속을 지키려면 다시 자존심을 버려야만 했다.

한 시간 후에 다시 담당자를 찾아갔다. 거절당했다. 또 찾아갔다, 또 거절당했다. 이렇게 하루에 열 번을 넘게 찾아가서 읍소를 하고, 부탁을 하고, 애원을 해도 없는 방은 없는 것이었다. 고객이 원하는 날짜가 바로 내일로 다가왔다. 고객은 전화를 해서 예약은 된 거냐고 재차 물었다. 나는 걱정하지 말고 내일 즐겁게 떠날 준비를 하시라고 했다. 속으로 이런 생각이 들었다. '지금이라도 솔직히 이야기하는 것이 낫지 않을까? 없는 방을 어떻게 구한단 말인가? 아니야, 고객과의 약속은 지켜야 해. 가족들이 내일 여행을 얼마나 기다렸겠어. 구해보자, 세상에 안 되는 게 어디 있어!'

결국 여행 당일까지 방을 못 구했다. '오, 이럴 수가. 어떻게 하지!' 일단 고객한테 전화를 걸었다. 오늘 몇 시쯤 도착예정인지 물었더니 다행히도 고객은 오후 6시쯤 도착한다고 했다. 또다시 고객에게 걱정하지 말라고 하고 조심히 오시라고 이야기했다.

서울에서 바로 리조트가 있는 홍천으로 달렸다. 가면서 여기저기 힘이 될 만한 사람한테 전화를 했는데 전혀 손을 쓸 수가 없다고 했다. 일단 현장에 도착해서 담당 지배인한테 객실상황을 물어보니 터지기 일보직전이라고 한다. 리조트에서 방을 예약 받을 때는 취소를 감안해서 105~110% 정도 예약을 받는데 취소가 나오지 않고 예약고객이 거의 다 왔을 때 '방이 터졌다'라고 표현한다. 나는 '침착해야 한다. 방법이 있을 거야' 하며 수없이 되뇌었다. 갑자기 한 가지 생각이 떠올랐다.

리조트에는 보통 회원 혼자만 쓰려고 전용실로 통째로 사서 세컨드하우스로 자신의 집처럼 집기류도 갖다놓고 쓰는 분들이 있다. 그렇지만 그 방을 쓰려면 회원의 동의가 필요하다. 누가 자기 집을 내주겠는가? 지푸라기라도 잡는 심정으로 수소문 끝에 리조트 전용실 주인의 전화번호를 알게 되었고 직접 전화를 걸어서 자초지종을 설명했다. 회원은 조금 난감해 했지만 진심이 통한 것인지 방을 써도 좋다는 허락을 받았다.

지배인에게 그 전용실을 이야기하자 깜짝 놀라는 것이다. 그 회원은 무척이나 까다로운 분이라 항상 조심하는 회원인데 어떻게 허락을 받았는지 의아해 했다. 결국 방을 구했고 내가 약속한 고객은 리조트에 도착했을 때 본인이 예약한 방보다 더 멋진 방을 얻게 되었다.

고객에게 방을 어렵게 구했다는 말은 안 하고 행복한 휴식되시라고 인사하고 나왔다. 후에 고객이 지배인한테 모든 사정을 들었다면서 연락이 왔고 자그마한 선물을 보내주셨다. 그리고 고객은 주위에 많은 사람들에게 소개시켜 주셨고 내 실적은 점점 올라갔다.

영업사원에게 고객과의 약속은 생명과도 같은 것이기 때문에 무조건 지켜야 한다. 그리고 그 말에 책임을 지고 진심을 다해서 행동해야 하는 것이다. 약속을 지키지 못한다면 나뿐만 아니라 회사에도 악영향을 끼치게 된다. 영업은 말로 하는 게 아니라 진심을 다했을 때 빛을 발한다.

집에 두고 나오는 자존심

부천에서 상가들이 즐비한 곳을 가가호호 방문하면서 자판기 영업을 하고 있었다. 들어가면 거절당하고 다음 집에 들어가면 또다시 거절당하고 징검다리를 건너듯이 계속계속 방문을 했다.

거절을 하는 유형도 가지각색이다. 친절하게 사장님 안 계신다고 하는 말이 가장 많았고, 요즘 장사도 안 되는데 무슨 자판기냐며 다소 격앙된 목소리로 거절하는 분도 계셨고, 무조건 나가라고 소리치는 분들도 계셨다. 간혹 당황스럽고 자존심도 상했지만 영업을 나올 때는 자존심을 집에 두고 나온다.

영업에서 가장 필요 없는 것이 자존심이다. 물론 자신만의 신념이나 의지는 중요하지만 영업에 불필요한 자존심은 아무 의미가 없다. 지금 내게 필요한 건 무조건 오늘 한 대를 팔아야 한다는 목표뿐이다.

수십 군데를 돌아다녔지만 설명조차 들어 보는 곳이 없었다. 그래서 벤치에 앉아서 쉬고 있는데 저 멀리에서 치킨집이 문을 열고 있었다. 배도 고프고 치킨도 먹고 싶어서 치킨집에 들어가서 닭을 한 마리 시켰다. 주인이 닭을 튀기는 동안 자판기 이야기를 했다. 치킨집 주변을 보니 주위에 자판기가 하나도 없었고 외국인 근로자들이 많은 곳이라 상권이 좋다고 설명을 했다. 내가 닭을 시킨 손님이기에 나가라는 말은 못하고 그냥 묵묵히 닭을 튀기면서 들어주었다. 나는 끊임없이 이야기를 했다.

그런데 치킨을 먹는데 맛은 있지만 튀김옷 색깔이 너무 하얗게 나와서 눈으로 봤을 때 맛이 없어 보였다. 주인에게 물어보니 매일 새 기름으로 만들어서 하얗게 나오는데 맛깔스럽게 나오는 색을 내고 싶은데 그런 노하우가 없다고 말을 했다. 그래서 내가 도움을 주기로 했다.

나는 과거에 정말 맛있고 유명한 치킨집에서 일한 적이 있었는데 거기서 튀김파우더를 만드는 비법을 배웠었다. 그래서 노하우를 전수해주었다. 거기다 대학교에서 닭고기 과학이라는 강좌를 들은 적이 있어서 갖고 있던 전공서적을 과감히 드렸다. 결국 치킨집 주인은 자판기 계약서를 썼다.

그 후 자판기를 점검하러 갔을 때 치킨집 주인은 내가 가르쳐준 방법으로 치킨을 튀기니 노릇하게 너무 맛스럽게 색깔이 나왔고 맛도 월등해 져서 장사가 잘된다고 했다. 장사가 잘 되서 그런지 자판기 운영도 잘 된 다고 내게 고마워했다. 기분 좋게 튀겨주신 치킨을 먹는데 정말 예전에 먹었던 맛있는 치킨 맛이 났다. 괜스레 뿌듯함을 느꼈다.

영업을 하면서 많은 사람들을 만난다. 장사가 힘들어서 낙담을 하는 사람들, 장사가 잘되어 힘들어하는 사람들, 작은 도움의 손길이 필요한 초보 장사꾼들. 이런 사람들을 보면 조금이라도 도와주고 싶은 마음이 불쑥불쑥 생긴다. 영업을 하다 보니 여기저기 아는 사람들이 많아졌고 많은 직종의 사람들을 만나게 되면서 서로의 도움이 필요한 분들께 중 간에서 연결을 해주게 됐다. 순수하게 그 분들이 서로 잘 될 수 있게 연 결을 해주었고 그러면서 나는 영업이 더 잘 되기 시작했다.

해병대 구호 중 '한번 해병대는 영원한 해병대!'라는 구호가 있다. 나 역시 '한번 고객은 영원한 고객이다!'라는 신념을 갖고 있다. 단순히 물 건 하나 팔고 나 몰라라 하는 것이 아니라 내가 판 물건에 대해서는 끝 까지 책임을 지려고 노력하고 있다. 그것이 나의 진심이고 그 진심은 결국 통하게 마련이다. 나는 신규영업도 많이 하지만 주로 소개를 받기 때문에 조금 수월하게 계약을 하는 편이다.

영업을 하면서 깨달은 것은 말로 아무리 떠들어봤자 상대방은 이해 할 수 없고 상대방 입장에서 생각하지 않으면 좋은 결과로 이어지지 않 는다는 점이다. 많은 영업사원들이 단순히 '물건만 팔고 돈을 벌어야지' 하고 생각하는데 그런 영업사원은 오래가지 못한다. 진심을 다해서 고 객을 대할 때 비로소 나 자신도 떳떳하고 영업도 멋지게 할 수 있다.

'영업 냄새' 나지 않는 판매기술 9가지

제대로 파는 법을 배우자

고객은 무조건 싼 것을 좋아하지 않는다

진심을 다하면 '영업냄새'가 나지 않는다

스펙이 부족해도 판매왕이 될 수 있다

평범한 상품을 특별하게 만드는 기술

신규 고객을 충성고객으로 만드는 법

고객은 영업사원의 머리 위에 있다

영업을 배우면 절대로 밥 굶지 않는다

작은 차이가 영업의 승패를 좌우한다

제대로 파는 법을 배우자

나쁜 영업 나쁜 사람

내가 영업을 하는 것이 단지 돈을 벌기 위한 것인가, 아니면 내 꿈과 미래를 위해서 하고 있는 것인가? 이런 질문을 자신에게 물어봐야 한다. 이것은 영업을 하면서 큰 갈림길을 만드는 역할을 한다.

영업사원도 좋은 영업사원이 있고 나쁜 영업사원이 있다. 말 그대로 고객의 입장에서 물건을 팔 것인가, 아니면 자신과 회사만을 위해서 물건을 팔 것인가의 문제다. 처음 영업을 할 때는 이러한 생각조차 못하고 영업을 시작했던 것 같다. 즉 나쁜 영업사원으로 시작했던 것이다.

군대를 제대하고 서울에 있는 뷔페식당 한식파트 주방에서 일하고 있을 때였다. 열심히 요리를 배워서 나중에 식당을 여는 게 꿈이었기에 양파를 까고, 청소도 하고, 칼질도 엄청나게 했다. 직원 숙소가 있었기 때문에 숙식을 해결하면서 지냈고 성실하다는 평가를 받으면서 한식을 제대로 배울 수 있었다. 어느 날 갑자기 친구에게서 전화가 왔다.

"야, 내가 지금 교통사고가 나서 큰일 났으니 양재역 스타 커피숍으로 빨리 와줘라!"

어떻게 식당 전화번호를 알고 전화를 했는지 모르겠지만 고등학교 동창이었고 군대도 같은 날 논산으로 함께 간 친구였다. 주방장에게 자초지종을 이야기하고 한달음에 달려갔다. 그런데 커피숍에 도착했을 때 친구가 없었다. 걱정을 하며 삐삐를 여러 번 쳤는데, 한참 후에야 친구는 멀쩡하게 나타났고 자기와 어디 좀 가자, 자신을 믿어달라며 무작정 데려갔다.

그곳엔 수백 명의 젊은 남녀들이 있었고 어떤 설명회를 하고 있었다. '다단계'였던 것이다. 솔직히 군대를 갓 제대해서 다단계판매가 어떤 건지 잘 몰랐고 친구는 무조건 3일을 같이 있자고 했다. 첫날, 무슨 말인지 모를 설명회를 듣고 친구에게 옷가지를 가지고 올 테니 내일보자며 가겠다고 말했다. 그랬더니 여러 명의 사람들이 나를 둘러싸고 못 가게 했다. 물론 물리적으로 하면 나올 수 있었겠지만 친구의 간곡한 부탁에 그냥 머물기로 하고 일하던 식당에는 친구가 아파서 며칠 못 간다고 말을 했다.

나는 이틀 동안 다단계 설명회를 들었다. 돈에 환장한 사람들이 저마다 월 천만 원을 외치며 꿈과 목표를 이야기하고 있었다. 그 모습에 나도 모르게 젊은 혈기로 다단계에 빠지게 되었다. 내 성격은 한번 하면 그곳에서 1등을 해야만 직성이 풀리는 성격이라 누구보다도 열심히 했다. 2달도 안 되어 중간 이상의 자리까지 갔고 앞에서 설명회를 하는 강의자로 자리 잡고 있었다. 다른 어떤 사람보다 초고속으로 승진을 하고 있었다.

하루에 3~4시간을 자면서 열심히 공부하고 사람들을 챙기고 강의하고 나름 수당도 많이 받으면서 생활을 하게 됐다. 그런데 그때 너무나 잘못된 영업을 한 것이다. 물론 다단계라는 것이 본인이 써보고 좋으면 권한다는 모토로 성장을 하는 일이지만 그 곳에 있는 대부분은 그런 이념은 까먹고 무조건 돈만 벌면 된다는 생각으로 친구들, 지인들, 가족들까지도 끌어들이며 함께 하지 않으면 완전 나쁜 사람으로 취급하는 영업을 했던 것이다.

결국 친구들은 다 떨어져 나가고 지인들도 모두 내 곁을 떠나게 만드는 상황까지 되었다. 무엇이 잘못된 것인가. 내가 무엇을 위해서 일했기에 이 지경까지 왔는가? 수없이 자신에게 물어보게 되었다.

나는 상대방이 아닌 자신만을 위해서 영업을 했고 상대방을 전혀 고려하지 않은 나쁜 영업을 했던 것이다. 괴롭고 깊은 회의감에 휩싸여 있을 때, 결국 다단계 대표가 구속되고 조직이 와해됐다.

후폭풍은 심각했다. 나는 거리에 내몰리고 노숙자로 전전하는 신세가 되었다. 1998년 초였고 IMF 외환위기로 수많은 사람들이 길바닥으로 쏟아져 나온 때였다. 그 무리 속에 젊은 내가 섞여 있었다.

한순간의 선택이 나뿐만 아니라 많은 사람에게 피해를 준 것이었다.

노숙을 하면서 낮에는 백화점에 가서 세수하고 마트 시식코너를 돌았고, 저녁에는 대학로 마로니에 공원에서 공연을 본다든가 하고, 서울대병원에서 자다가 쫓겨나기도 했다. 새벽 지하철 첫차를 몰래 타고 온종일 지하철에서 자다 깨는 일을 반복했었다. 사람이 완전 바보가 되어가는 것 같았다. 그래도 한편으로는 일을 해야겠다는 생각에 압구정 식당들의 주방보조로 면접을 보고 채용이 됐지만 가지는 않았다. 다단계로 많은 돈을 벌다가 한순간에 식당에서 쥐꼬리만 한 월급을 받고 생활한다는 것이 내키지가 않았다. 그렇게 허송세월을 보내다가 결국 대학교에 복학을 했다.

영업을 한다는 것은 상대방의 마음까지 사야 하는 것이다. 그렇지 않으면 상대방은 나를 받아들이지 않는다. 한순간의 일확천금을 노리고 무조건 사람을 끌어들이고 물건을 강매하다시피하고 나쁜 영업을 일삼았던 것에 대한 후회를 한다. 그래서 그때 깨달았다. 영업은 나뿐만 아니라 고객 또는 상대방도 함께 만족해야 하고 더 나아가 나보다 고객이 더 만족하게 만드는 것이 진정한 제대로 된 영업이라는 것을 말이다. 그래서 그 때의 교훈을 삼아 다짐을 했다. 나와 상대방을 아프게 하는 영업이 아니라 모두가 만족하는 영업을 하겠노라고 말이다.

붕어빵 상상력

대학교 3학년 겨울방학 때 학교 앞에서 붕어빵 장사를 했다. 학교 후문 앞이었지만 사람들이 잘 다니지 않는 외진 자리에서 시작했다. 길 건너 사람들이 많이 다니는 자리에는 이미 붕어빵 장사가 하나 있었다.

처음 리어카를 끌고 자리를 펴는데 건너편 붕어빵 장사가 와서 다짜고짜 영업을 하지 말라고 겁을 줬다. 자신이 길 건너에서 장사를 하고 있는데 바로 건너편에서 하면 어떡하느냐고 따져 물었다. 난 그런 말에 아랑곳하지 않고 일단 리어카 정리를 한 후에 말했다.

'이 자리는 내가 오래전부터 봐둔 자리고, 이 학교 학생이기에 내게 이곳에서 장사를 하라 마라 할 수 없다. 그러니 돌아가시라'고 했다. 건너편 붕어빵 장사는 어차피 사람도 안 다니는 길이라 내가 장사가 안되서 곧 떠날 거라고 생각했는지 그냥 피식 웃으며 돌아갔다.

첫날, 리어카는 갖다놨지만 장사는 하지 않았다. 일단 거리의 사람들을 구경했고 건너편 붕어빵이 얼마나 팔리는지, 조금 어두운 내 자리엔 얼마나 유동인구가 있는지 지켜봤다. 그 결과 건너편과 이쪽은 유동인구가 거의 9:1정도로 적었다. 전략을 짜기 시작했다. 기존의 붕어빵 장사와 같은 방법으로 영업을 하면 승산이 없을 것 같았다. 그래서 건너편의 붕어빵 장사를 다시 분석해보았다. 답은 바로 나왔다. 위생!

보통 붕어빵 장사를 보면 지저분한 겨울 잠바를 입고 팔에는 토시를 끼고 목장갑에 깨끗하지 않은 리어카에서 음식을 팔고 있었던 것이다. 나는 바로 다음날 시장으로 가서 호텔주방장용 가운과 앞치마 그리고 주방장이 쓰는 높은 하얀 모자를 샀다. 그리고 간판도 달아야겠다고 생각하고 '붕어사랑'이라는 간판을 코팅해서 붙였다.

영업 첫날을 맞았다. 깔끔한 리어카에 키 큰 남자가 호텔주방장 차림을 하고 붕어빵을 굽기 시작하니 사람들의 이목이 한 몸에 쏠렸다. 한명 두명 내게 몰리기 시작했다.

여기서 두 번째 전략을 폈다. 붕어빵을 구워놓지 말자! 나는 손님이 오면 그때그때 구워줬다. 그러자 사람들이 줄을 서기 시작했고, 지나가던 사람들은 자기도 모르게 그냥 줄 뒤에 서는 진풍경이 벌어졌다. 쉴 새 없이 붕어빵을 구웠고 하루 한정량 딱 500마리만 굽고 문을 닫았다. 500마리를 굽고 파는 데는 쉬지 않고 했을 때 3시간 정도 걸렸다. 길 건너 사람은 점점 울상이 되어갔다. 그러고는 결국 문을 닫고 다른 곳으로 자리를 옮겼다.

그런데 가끔 손님들은 붕어빵을 먹으면서 꼬리부분이 아쉽다고 말을 하는 것이 아닌가? 손님의 말을 유심히 생각한 후 바로 다음날 시장에 가서 땅콩을 사서 직접 절구로 빻아 식감 좋은 크기로 만들어 붕어빵 꼬리에 뿌려주었다. 이것이 대박이 났다. 소문이 돌자 사람들의 줄은 더 길어졌고 더 멀리서 붕어빵을 사러 왔다.

붕어빵을 다 팔고 끝나면 정리를 하고 도서관으로 가서 공부를 했다. 가끔 도서관에 들어서면 여학생들이 "아저씨! 여기 학생이세요?"라고 신기해 했다. 그렇지만 창피하지 않았고 당당하고 멋지게 '그렇다'고 말하고 도서관으로 들어갔다.

영업이란 사전적 의미로 '영리를 목적으로 사업 업무를 수행하는 것'을 말하고 또 여러 가지 의미가 있다. 그런데 제대로 파는 영업이란 무엇일까? 단순히 고객에게 진심을 다해서 상품을 팔고 고객을 만족시키는 것만이 제대로 파는 영업일까? 나는 제대로 파는 영업을 붕어빵을 팔면서 알게 됐다. 그것은 내가 팔고자 하는 상품을 최대한 극대화해서 고객에게 찾아가는 것이 아니라 고객이 나를 찾아오게 만드는 것이 제대로 파는 영업이라고 생각했다. 단순히 붕어빵이라는 상품을 팔지만 그 속에서 내가 연구하고 발전시킬 일은 많이 있었다.

남들이 하니까 그대로 따라하는 것이 아니라 좀 더 창의적인 생각을 갖고 남들이 하지 않는 그 무엇을 찾아내는 것이 제대로 파는 영업이다. 그리고 고객이 무엇을 필요로 하는지 주의 깊게 듣는 것도 중요하다. 영업은 단순히 물건을 파는 것이 아니라 나의 창의적인 도전을 파는 것이다.

고객은 무조건
싼 것을 좋아하지 않는다

한계를 미리 정하지 말 것

영업을 하다보면 다양한 사람들을 만나게 된다. 자영업을 하는 사람, 직장을 다니는 사람, 가정주부, 기업담당자, 남녀노소 모두를 접하게 된다. 이 많은 사람들은 대부분 돈의 한계가 정해져 있지만 그 한계를 넘어서는 사람들도 많다.

무라마츠 다츠오는 《고객의 80%는 비싸도 구매한다》에서 이렇게 말했다.

"상위 20%는 '세일 제품은 절대로 사지 않는 층', 하위 20%는 '세일 제품만 사는 층', 그리고 중간의 60%는 '세일 제품과 정가 제품을 모두 사는 층'으로 나눌 수 있습니다. 고액고객 유치 마케팅에서 타깃으로 삼는 것은 상위 20%층과 중간인 60%층을 더한 80%의 사람들입니다. 왜냐하면, 세일 제품도 사고 정가 제품도 사는 사람들은 어느 쪽으로든 이동할 수 있는 부류라고 할 수 있기 때문입니다."

리조트 분양영업을 할 때 어떤 여성이 전화를 걸어 설명을 듣고 싶어 했다. 방문약속을 잡고 그 분을 만나러 갔다. 여기에 철칙이 있다. 나는 고객과의 약속은 대부분 오전 10시로 잡는다. 아무리 먼 지방이라도 마찬가지다. 왜냐하면 오전 10시가 그 누구의 방해도 받지 않고 집중력이 뛰어난 시간이라는 것을 경험으로 터득했기 때문에 방문상담의 90%는 오전 10시에 만난다.

그날도 오전 10시에 방문약속을 하고 고객이 사는 아파트에 갔다.

"지난 휴가 때 가족이 동해안을 놀러갔는데 남편과 아이 둘을 데리고 너무나 고생을 많이 했고, 휴가철이라 숙박시설도 꽉 찼고 이리저리 왔다 갔다 하다 시간은 시간대로 보내고, 아이들은 보채고 날씨는 덥고 최악의 휴가를 보냈다."

고객은 그래서 이참에 리조트를 분양받고 편하게 휴가를 보내고 싶다면서 본인이 생각한 2천만 원대 상품을 상담받기 원했다.

그 분과 대화를 하다 보니 직계가족들도 많고 여행을 좋아하고 또한 여력도 좀 있어보였다. 그래서 2천만 원대 상품이 아닌 3천만 원대 상품을 권했다. 보통의 영업사원들은 고객이 생각한 상품을 빨리 계약하고 나오려고 한다. 그런데 나는 고객의 여러 가지 상황을 충분히 고려해 보고 나중에 후회되지 않도록 조언을 하는 편이다. 고객은 여러 가지를 고려해서 2천만 원대 상품을 생각하고 있었지만, 여행을 좋아하고 가족들도 많고 편히 쉬는 것을 원했기 때문에 과감히 1천만 원이나 더 비싼 상품을 권해드렸다.

이때 가장 중요한 것은 고객에 대한 진심과 영업사원의 확신이다. 머뭇거리면서 상품을 제안하면 고객은 받아들이지 않는다. 고객도 여러 가지 생각을 하고 내 말을 들어보니 조금 욕심이 생겼고 결국은 3천400만 원짜리 리조트 계약을 했다. 고객은 처음 생각한 돈보다 1천만 원 이상의 상품을 선택했다.

상담을 하다 보면 고객이 얼마의 여력이 있는지, 어느 정도의 마음이 있는지가 조금은 파악된다. 그리고 경험상 2천만 원 정도의 상품을 살 수준이면 그 이상도 크게 어렵지 않다. 대부분의 영업사원들은 고객이 말하는 그대로 바로 계약을 하고 돌아가지만 나는 고객의 상황을 깊이 고려해서 상담을 하는 편이다.

고객은 가족도 많고 여행도 좋아하는데 가격이 저렴한 것은 리조트 평수가 작아서 많은 가족이 함께 가기에는 불편하다. 그리고 저렴한 리조트를 분양받았다가 나중에 평수를 올려서 더 비싸게 분양받는 수고로움을 많이 봤다. 처음부터 고객의 성향과 재력 등을 바로 분석해서 그 자리에서 조금 더 나은 상품으로 상담을 해주고 계약을 한다.

'용대리 황태'는 우리나라에서 유일하게 황태특구지역으로 지정된 용대리라는 곳에서 생산되는 황태다. 바람과 기온이 최적의 조건을 유지해주기 때문에 명태가 3~4개월 동안 겨울 내내 눈과 매서운 바람 그리고 혹독한 추위를 견디고 황태로 변신할 때 최적의 맛과 품질이 보장되는 곳이다.

모든 작업이 수작업으로 이뤄지기 때문에 황태 한 마리를 만들려면 33번의 손길이 들어가고 땀과 노력이 엄청 들어가는 상품이다. 그래서 황태는 '하늘이 내린 선물'이라고 한다.

처음 매장을 오픈하고 용대리 경쟁사들과 경쟁을 하기 위해서 무던히 노력했다. 가격경쟁에서 조금 낮게 측정하고 박리다매로 상품을 팔려고 야심차게 준비했다. 그런데 분명 똑같은 품질이고 같은 용대리 황태 상품이며 가격도 저렴한데 내 황태를 구매하는 소비자가 많지 않았다. 시작한 지 얼마 되지 않고 나의 브랜드가 알려지지 않아서 그럴 수 있을 거야 하고 생각했는데, 다른 경쟁사들의 가격을 분석하고 여러 가지 영업 관련 서적들을 보면서 해결책을 찾아가기 시작했다.

고객의 비밀가격

상품에는 브랜드라는 것이 있고 그 브랜드가 갖고 있는 힘이 있다. 예를 들어 명품가방이 거의 모든 판매점에서 100만 원에 파는데 혼자서 80만 원에 판다면 과연 잘 팔릴까? 사람들은 의심하기 시작한다. 그것이 정말 명품일까, 짝퉁일까? 수없이 의심을 하고 결국은 100만 원짜리 혹은 그 이상의 가격을 주고 가방을 구입한다.

나 역시도 결국 이러한 고객의 심리를 알게 되었다. 그래서 포장박스를 고급화하고 황태를 더 보기 좋게 손질해서 가격을 용대리 평균가격보다 조금 올려서 다시 인터넷과 홈페이지에 올려놨다. 그리고 '용대리 오리지널 100% 황태'라는 슬로건을 자신 있게 걸고 판매를 시작했다.

그렇게 온라인에 올려놓고 얼마 되지 않아 뜸하던 주문들이 속속 들어오기 시작했다.

포장을 고급스럽게 하니 눈에 띄었고 가격을 봐도 기존 경쟁업체의 가격보다 많이 비싸지 않으니 충분히 가치를 느꼈던 것이다. 구입한 고객들은 싸게 팔 때보다 비싸게 팔 때 더 좋은 평들을 쏟아냈다. '역시 용대리 황태가 최고야! 비싼 게 확실히 좋아!' 물론 용대리 황태는 중국에서 말린 황태나 타 지역에서 파는 황태보다는 가격이 비싼 편이다. 어떤 사람들은 다 같은 황태인데 왜 용대리 것만 비싸냐고 의문을 제기하지만 맛을 보면 그 의문은 바로 사라진다. 명품은 하루아침에 만들어지는 것이 아니기 때문이다.

또 하나는 전국 팔도에서 열리는 축제장에서의 일이었다. 요즘 지방 곳곳에서 많은 축제들이 열린다. 대게축제, 삼척 정월대보름제, 닭갈비축제, 벚꽃축제 등등 수많은 축제들이 벌어지는데 나는 전국의 축제장들을 다니면서 황태를 판매했다. 지방축제에서는 무조건 가격이 싸고 양을 많이 주고 그래야만 팔릴 거라는 생각이 지배적이지만 그렇지 않다는 것을 깨달았다.

영덕 대게축제에서 황태포를 평소가격보다 10% 싸게 가격표를 붙여서 팔았는데 사람들은 용대리 황태라는 브랜드를 보고 상품 구경을 왔지만 여기서도 역시 판매가 저조했다. 어떤 사람들은 가격이 싸다고 하고 어떤 사람은 비싸다고 하기도 하고 그것을 가늠하기가 너무나 난처했다. 그래서 온종일 고객과의 대화를 분석해서 다음날 새로운 가격을 올려놨다.

평소보다 가격을 5% 올렸고 전날보다 15%나 더 올린 셈이다. 축제장에 오는 고객들은 보통 하루만 오는 것이지 매일 오지는 않기 때문에 어제의 가격을 아는 사람은 거의 없다. 참으로 기이한 현상이 나타났다. 전날보다 매출이 두 배 이상 뛰었다. 물론 여러 가지 상황을 고려할 수 있겠지만 놀라운 효과였다. 비싸다며 깎아달라고 하는 고객에게는 전날 가격보다는 비싸지만 지금의 가격보다는 조금 싸게 깎아 주니까 모두 만족하면서 황태를 사가는 것이었다.

이처럼 물건을 사는 고객들의 심리는 천차만별이다. 무조건 가격을 낮게 책정한다고 사는 것이 아니고 또한 무조건 비싸게 책정한다고 판매가 되는 것도 아니다. 고객의 가격 심리한계선이라는 것이 존재한다. 고객의 가격심리한계선을 잘 연구하고 적용한다면 상품을 파는 내게도 이익이고 상품을 사는 고객도 심리적 안정이나 만족감을 극대화해 줄 수 있는 것이다.

고객은 무조건 싼 것을 좋아하는 것이 아니라 본인이 염두에 두었던 가격보다 조금 비싼 가격의 상품을 선호한다는 사실! 나는 매장을 하면서, 온라인 판매를 하면서, 그리고 전국 팔도행상을 하면서 깨달았다. 우리가 영업을 할 때 상품마다 마지노선이 있다. 그 마지노선을 어떻게 활용하느냐에 따라 나의 실적은 배가 될 수도 있고 밑지고 팔 수도 있다. 고객의 심리를 최대한 활용해서 영업사원과 고객 모두 만족하는 영업을 하는 것이 진정한 영업사원이라 할 수 있다.

진심을 다하면
'영업냄새'가 나지 않는다

높고 향기롭게

나는 매일매일 영업을 한다. 아침에 일어나면서부터 나의 영업은 시작된다. 양말을 찾아야 하고 넥타이를 찾아야 하고 아침밥도 먹어야 한다. 그리고 운전을 하면서 경적도 울리고 주차를 하고 회사에서 직원들을 만나고, 점심을 먹고 저녁회식을 하고 집으로 돌아오는 모든 것이 내겐 영업이다. 나 혼자 할 수 있는 일들은 많지 않다. 사람이 살아가면서 혼자 할 수 없는 일들, 즉 상대방의 도움이 필요하거나 도움을 주는 모든 행위가 영업이라고 할 수 있다.

그런 일들 가운데 진정으로 나를 위한 사람이 있는가 하면 나를 이용하기 위한 사람들도 있다. 나를 이용하려고 하는 사람의 진심을 알게 되면 금방 실망하게 되고 그 사람과의 거리를 두게 된다.

영업에서도 마찬가지다. 내게 진심으로 물건을 판매하는 사람과 단순히 물건을 팔아서 얼마의 수당만 바라보며 판매하는 사람의 마음은 고객에게 전해지고 영업에서 '냄새'가 난다.

어느 날 고객상담 문의를 받고 다음날 오전 10시에 고객의 회사에서 상담을 했다. 제법 규모가 큰 회사였고 담당자들도 많을 텐데 그 회사는 대표이사가 직접 상담을 원했고 담당자들도 함께 배석을 했다.

나는 고객을 대할 때 항상 마음가짐을 새로이 한다. 내가 만나는 사람이 대표이사면 나도 대표이사의 마인드로 장착하고 일반 담당자들이라면 담당자의 마인드로 마음가짐을 정비한다. 왜냐하면 영업은 엄연한 기 싸움이다. 거대한 회사의 대표라고 해서, 유명인이라고 해서, 부자라고 해서 내가 주눅이 들거나 기가 꺾이면 그 영업은 멋지게 성공할 수 없다. 그렇기 때문에 항상 마음가짐을 상대방과 동등하게 혹은 높게 책정해서 상담을 한다.

그날도 대표이사와 담당자들에게 리조트 상품을 열심히 설명하고 있었다. 대표이사가 너무나 꼼꼼히 상품을 물어보고 비교해 보기에 '이곳은 정말 깐깐한 회사군, 대신 잘만하면 앞으로 내게 큰 도움이 되겠다'는 생각을 갖게 됐다.

여기서 제일 중요한 것은 나 스스로가 상품을 얼마나 믿고 얼마나 아느냐가 중요하다. 거기에 경쟁사의 정보도 완전히 꿰차고 있어야 한다. 고객이 질문했을 때 정확하게 바로바로 답변을 해주고 궁금증을 풀어줘야 나에 대한 신뢰를 주기 때문에 평소에 공부를 많이 해야 한다. 더 중요한 사항은 모르는 것을 아는 척하면서 정확하지 않은 정보를 제공하는 일이다. 영업사원으로서 가장 위험한 행동이다. 모르면 모른다, 알면 안다, 그리고 몰랐을 때 그 자리에서 바로 전문가한테 전화해서 정확한 정보를 알고 전해주는 것이 오히려 신뢰성을 주는 길이다.

한참을 설명을 듣고 질문을 하고 1시간이나 지나간 상태였다. 결국 대표이사가 촌철살인 같은 질문을 내게 던졌다.

"김 팀장님! 만일 김 팀장님이라면 이 두 상품 중 어떤 상품을 사시겠습니까?"

이 질문은 많은 생각을 하게 했다. 왜냐하면 두 상품의 가격은 거의 동일하지만 내게 주어지는 수당과 회사에 미치는 영향에 차이가 있었기 때문이다. 한 상품을 선택하면 내게 수당이 낮아지고 다른 상품을 선택하면 수당도 높아지고 회사도 이익을 더 많이 갖는 상품이었다.

질문을 받고 대표이사의 눈을 바라보면서 3초 정도 생각을 하고 이렇게 말씀드렸다.

"대표이사님, 제가 리조트 경력이 10년을 훌쩍 넘었고 상품에 대해서 누구보다도 많이 알고 있습니다. 솔직히 대표이사님 회사에는 이 상품이 훨씬 좋습니다!"

그 상품은 내게 수당도 적게 떨어지고 회사에도 다른 상품에 비해 도움이 덜 되는 상품이었다. 내가 진심을 대표이사에게 말을 하니 그분은 진심을 알았는지 그 질문 하나로 모든 것이 해결됐다면서 바로 계약을 해주었다. 그 후로도 다른 업체들도 많이 소개해주고 내겐 소중한 고객이 되었다.

영업을 하면서 순간순간 판단을 해야 할 때가 굉장히 많다. 그 중에 내게 얼마나 많은 이익을 줄 것인가가 가장 중요하게 생각 될 때가 대부분이다. 그렇지만 고객의 상황을 철저히 분석하고 고객에게 맞는 상품을 정확히 정해주는 것이, 그리고 내게 수당이 적게 떨어져도 과감히 진심을 파는 순간적인 결정을 빨리 내리는 것이 좋다.

결국 고객은 그런 진심을 알게 된다. 진심을 아는 순간 고객은 내게 한 번의 고객이 아니라 함께 같이 갈 동반자 같은 고객으로 자리 잡게 된다.

영업의 온도

내가 판매하는 상품이 많은 사람에게 행복을 주면 좋겠다는 생각을 하며 모자 장사를 한 적이 있다. 대학교 4학년 봄이었다. 새 학기가 시작되고 친구들을 만나고 여기저기 삼삼오오 모여 미팅을 하고 캠퍼스에는 봄의 전령사인 개나리와 진달래가 곳곳에 피어났다. 모두가 무엇이 그리도 좋은지 함박웃음에 기분 좋게 캠퍼스와 거리를 활보했다. 그때 '내가 이 학생들에게 행복을 팔면 좋겠다'라고 시작한 것이 모자 장사였다.

동대문 평화시장에서 학생들이 좋아할 만한 예쁜 모자들을 도매로 100여 개를 사왔다. 그리고 학교 후문에서 좌판을 펴고 길 건너 팬시점에서 파는 모자의 절반 가격에 팔기 시작했다. 정말 이윤이 거의 남지 않는, 차비 정도의 이윤으로 판매하기로 했다. 형형색색의 모자들, 그리고 그때 트렌드에 맞는 모자들을 잘 선별해서 좌판에 깔아놨더니 학

생들의 반응이 뜨거웠다. 그
리고 멋쟁이 오빠인 내가 팔
고 있었기에 여학생들의 발
길이 더 많았다.

　워낙 가격을 싸게 팔고
있었기에 여기저기 소문이
나서 준비한 모자를 순식간에 다 팔았다. 바로 동대문에 가서 더 많은
모자를 사왔고 학생들에게 팔았다. 그때 나 역시도 학생이었기에 학생
들의 주머니 사정을 잘 알고 그들의 마음을 훤히 꿰뚫고 있었다. 대형
거울을 갖다놓고 누구나 모자를 써 볼 수 있게 해주었고, 외상도 해주
고, 가격도 마구 깎아 줬다. 친구들은 나보고 미쳤다고 했다. 남지도 않
게 그 짓을 왜하냐고? 내게 바보 같다며 그만 접으라는 친구들도 있었
다. 그런데 나는 그냥 학생들이 깔깔깔 웃으며 모자를 서로에게 씌워주
고 행복하게 사가는 모습이 좋았다.

　물론 장사라는 것이 마진이 남아야 하는 거라 완전 밑지게 팔지는 않
았다. 좋은 물건만 갖다놔서 그런지 거의 매일매일 재고 없이 모두 팔
수 있었다.

　어느 날 장사를 일찍 끝나고 학교 도서관에서 캠퍼스를 내려 봤는
데 엄청난 광경을 볼 수 있었다. 봄이라 햇빛도 찬란하고 날씨도 좋아
서 많은 학생들이 모자를 쓰고 있었는데 내 눈으로 봤을 때 80% 이상이
내가 팔았던 모자를 쓰고 있는 것이 아닌가? 그 순간 왠지 뿌듯함이 느
껴졌다. 나는 복학도 조금 늦게 했고 4학년이라 웬만한 학생들은 내 막

냇동생보다도 어렸다. 그래서 그런지 모두가 귀여워 보였고 동생들처럼 느껴졌었다. 그런 학생들이 내가 판 모자들을 쓰고 깔깔대며 캠퍼스를 걸어 다니는 모습을 보니 스스로 뿌듯함이 느껴졌고 행복감이 몰려왔다. 친구들이나 가족들에게도 생일선물과 기념일에는 모자를 선물했다. 내가 장사를 하면서 가장 뿌듯했던 시절이었다.

흔한 장사꾼의 마인드가 아닌 오빠로서, 형으로서, 선배로서 고객들에게 모자를 팔게 되니까 마음이 정말 편했고 신났다. 그 당시 2천여 개 이상을 팔았으니 얼마나 많은 학생들이 내 모자를 사갔는지 상상이 갈 것이다. 학생들을 돈으로 본 것이 아니고 예쁜 대학생으로 봤고, 멋진 학생들로 봤기 때문에 가격을 떠나서 허접한 길바닥 노점에서 판매하는 내 모자를 많이 사간 것이 아닌가 한다.

학교 앞 노점상이나 회사 영업을 하면서 많은 사람들에게 상품들을 팔았지만 내 기억에는 불평불만을 받아본 적이 거의 없었던 것 같다.

영업을 하면서 가장 힘들 때가 영업이 잘 안 될 때다. 그러면 영업사원은 가장 먼저 자신을 잘 다스려야 한다. 자신의 슬럼프라든가 힘듦이 고객에게 고스란히 전해지고 고객을 생각하기보다는 자신을 위해서 상품을 팔기 때문에 실적은 더 나빠지기 마련이다. 영업사원은 고객을 대할 때 진심을 다해야 하고 그 진심을 다하면 '영업냄새'가 나지 않고 내가 원하는 목표와 부를 더 많이 가져갈 수 있다. 이것이 영업사원이 가져야 할 가장 중요한 덕목이라고 생각한다.

스펙이 부족해도 판매왕이 될 수 있다

딱! 소리나는 스펙

한화리조트 공채 면접관으로 있을 때다. 수많은 이력서가 들어오고 검토되어 최종적으로 통과한 지원자들이 1차 면접을 보러 왔다. 오전 일찍 도착한 면접자들에게 과제를 주고 그 과제를 만들어서 면접실로 들어오게 했다. 면접을 보기 전에 그들의 자기소개서와 이력서 프로필 등을 검토했다. 프로필에는 명문대를 나온 지원자들이 대부분이었고 스펙도 한눈에 확 들어왔다.

영어는 기본으로 하고 UN에서 일을 했다거나, 유수의 기관에서 인턴생활을 하고 각종 자격증을 소유한, 그야말로 스펙을 보면 너무나 탐나는 지원자들이었다.

그때 이런 생각이 들었다. 지방대를 나와 영어도 못하고 자격증도 없고 변변한 스펙도 없는 내가 대기업 공채 면접관으로 앉아 있다는 사실이 왠지 뿌듯했다. 어떻게 이런 일이 가능해졌을까? 지하철 노점상을 시작으로 대기업 팀장까지 올 수 있었던 것은 바로 실전 영업의 최강자였기 때문이다.

삼성에스원 세콤에서 영업할 때 영업직원은 정직원과 나같이 영업만 전담으로 해서 수당을 받는 계약직 영업직원이 있었다. 물론 하는 일은 거의 비슷했다. 무인경비업체인 세콤은 그 당시 업계 1위였고 영업은 무조건 업계 1위에서 해야 한다는 생각이 있어서 에스원에 입사했다.

나는 어떤 곳에 가더라도 항상 목표를 세우고 기한을 정한다. 그때 '1년 안에 영업사원 중에서 1등을 하고 월 천만 원 이상의 고소득을 올리겠다'라고 목표를 세웠다.

처음 해보는 무인경비 영업이었지만 그 전에 자판기를 가가호호 잘 팔아봤기 때문에 자신이 있었다. 내가 맡은 곳은 압구정동 일대였다. 부자동네이면서 고급 상가들이 즐비한 곳이었다. 한 손에 까만 가방을 들고 압구정동으로 향했다.

옛 기억을 되살려 가가호호 방문해서 설득하면 잘 팔 수 있겠지 하면서 닥치는 대로 방문했다. 그런데 대부분 무인경비시설이 설치되어 있었고 그나마 없는 곳은 매몰차게 내쫓기기도 했다. '그래도 가슴 왼쪽에 우리나라 최고인 삼성그룹 배지를 달고 있는데 나를 무시하겠어?'라고 생각했는데, 역시 영업사원은 영업사원이었다.

그렇게 잡상인 취급을 당하면서 거리를 활보하다보니 힘도 빠지고 시작한 지 얼마 되지도 않아 마인드는 바닥으로 추락해 버렸다. 그날은 일찍 퇴근해서 그냥 아무 생각 없이 잠을 자 버렸다.

전날 일찍 잠을 자서 그런지 새벽에 일찍 일어나게 됐고 뚜렷이 할 일이 없어서 차를 몰고 압구정동으로 향했다. 압구정 골목에 차를 세우고 시계를 보니 7시가 가까워졌다. 커피나 한 잔할까 하고 편의점을 향하는데 귓가에 어떤 소리가 들리기 시작했다. '딱딱딱 따다다다다다 딱딱딱!' 이게 무슨 소리지? 그 소리가 궁금해서 나도 모르게 뛰고 있었다. 도착한 곳은 10층짜리 빌딩이었다.

빌딩 4층쯤에서 소리가 흘러나오는 것 같았다. 비상계단으로 4층까지 한달음에 올라갔다. 그곳은 작은 병원이 들어오는 인테리어 현장이었다. 공사가 한창인 곳에 들어가서 어슬렁거리다가 인테리어 설계도면을 봤고 몰래 종이에 필사를 했다. 당시에는 핸드폰에 사진기 기능이 거의 없었다. 나는 필사본을 들고 사무실로 뛰어가서 능숙하지 않은 솜씨지만 캐드로 설계도면에 무인경비시설을 설계하고 공사비와 월 사용료를 뽑아서 다시 인테리어 장소에 뛰어갔다. 그때가 오전 9시쯤 됐었다.

마침 병원 원장으로 보이는 여성분이 보여 명함을 내밀면서 무인경비시설을 이야기했다. 역시나 병원장은 관심도 없다는 투로 바쁘다면서 자리를 뜨려고 했다. 그래서 아침부터 열심히 만든 설계도면을 한번이라도 보여주고 싶어서 병원장을 다시 불러 세웠다.

"원장님, 이거 한번만 봐주세요!"

병원장은 뭔가 하고 내가 만들어온 도면을 보더니 깜짝 놀랐다. 아직 인테리어도 끝나지 않았는데 어쩜 이렇게 세세히 만들어 왔냐며 관심을 보이기 시작했다. 방범상 취약한 곳을 정확히 설명하고 중요성을 강조해서 바로 그 자리에서 계약했다.

그때부터 새벽마다 압구정동 사거리에 서서 눈을 지그시 감고 온 신경을 청각에 집중했다. 여기저기서 소리가 들린다. '딱딱딱 딱다다다다~' 오전에 3~4군데의 인테리어 현장에서 도면을 그렸고 상담을 해서 신입사원 중에서는 계약을 많이 하는 직원이 되었다. 하지만 모두들 부러워만 하고 나처럼 새벽에 나와서 일하려고 하지는 않았다.

나는 나만의 블루오션을 찾아서 승승장구 했고 결정적으로 강남역에 새로 지어지는 '점프밀라노'라는 쇼핑몰을 계약하면서 1년 치 목표를 단 8개월 만에 이뤄냈고 전국 1등을 하면서 그 달에 받은 수당만 1,680만 원 정도 됐다.

정직원들은 명문대를 나와 스펙도 좋고 학벌도 좋았지만 지방대 출신의 스펙도 없는 내가 그들을 앞지른 것이다. 그래서 영업은 정직하다는 것을 느꼈다. 내가 남들보다 일찍 일어나서 세상의 소리에 귀를 기울이고 남들이 자는 시간에 먼저 뛰었기에 좋은 결과를 가져올 수 있었다. 또한 다른 영업사원들이 수없이 방문하고 문을 두드렸던 대형쇼핑몰도 새벽부터 찾아가 키맨이 올 때까지 여러 날을 기다린 끝에 내 것으로 만들었다. 영업은 다른 영업사원보다 더 일찍 일어나서 더 먼저 다가가고 끊임없이 될 때까지 두드리면 결국은 내 성과를 보상 받을 수 있는 곳이다.

스피드를 살려라

내가 대기업 팀장으로 갈 수 있도록 가장 큰 힘을 주었던 경험은 지하철 노점상을 한 것이었다. 앞서도 말했듯이 지하철 안에서 잡상인으로 천 원짜리 물건을 팔면서 공익요원에게 이리 도망 다니고 저리 쫓겨 다니며 내 꿈을 위해 열심히 달렸던 그때의 경험들이 나를 멋진 자리에 올려놓았다.

지하철 노점상들에게도 판매왕이라는 타이틀이 있다. 그 타이틀은 내가 처음 지하철 노점상을 하면서부터 나올 때까지 그 자리를 누구에게도 내주지 않았다. 그렇다고 온종일 일을 하지는 않았다. 나의 평균 영업시간은 3~4시간 정도였다. 지하철에서 장사를 하는 사람은 대략 200명 정도 되는 편이다. 경력도 오래된 분들이 많았지만 그 곳에서 1등을 할 수 있었던 것은 나만의 스피드영업과 지하철을 타는 고객의 특성을 정확히 파악했기 때문이다.

지하철 노점상은 무조건 '열심히', '빨리' 판매하는 것이 최고다!

지하철 객차에서 천 원짜리 물건을 판매할 때의 나만의 규칙이 있었다. 나는 거의 모든 지하철 노점상들이 꺼려했던 2호선 라인을 택했다. 2호선 라인은 학생들과 젊은 직장인들이 주로 이용하기 때문에 노점상을 굉장히 싫어하는 사람들이 많았다. 그래서 대부분의 노점상들은 지하철 1호선에서 서로 피 터지는 경쟁을 하고 있었다. 그런 틈새시장에서 나는 누구보다도 스피드하게 영업을 했다.

보통 노점상들은 한번 객차에 들어가면 한 객차 안에서 많은 시간을 허비하면서 판매를 강요하듯이 이리저리 돌아다닌다. 나의 철칙은 한 객차에서 머무는 시간은 딱 한 정거장 갈 때까지, 즉 2분 정도만 판매하고 바로 다음 칸으로 이동한다는 것이었다. 2호선은 젊은 사람들이 많아서 본인이 필요하면 다른 사람 눈치를 안보고 바로 사는 경향이 많고, 1호선은 의심이 많은 연세가 있으신 분들이 많기 때문에 누군가 먼저 사야 따라서 어슬렁거리면서 관심을 보인다. 그렇기 때문에 2호선에서 영업을 할 때는 빠른 시간 안에 간단명료하게 설명하고 다음 칸으로 옮기는 것이 최상이었다. 1호선에서 장사하는 노점상이 10칸으로 된 지하철 한 량에서 영업을 하는 시간에 나는 2호선에서 2~3량을 영업했다. 새로운 사람들에게 더 많은 말을 했고 더 많이 판매를 한 것이다.

한번은 어떤 노점상 하는 사람이 도대체 어떻게 팔기에 그렇게 많이 팔 수 있는지 알고 싶다며 따라온 적이 있었다. 그래서 내가 하는 모습을 지켜보게 해주었다. 지켜보던 노점상은 '뭐야, 나보다 설명도 많이 안 하고 별다른 게 없네!'하고 그냥 가버렸다. 그 사람은 단순히 그 장면만 본 것이다. 내가 얼마나 많은 신규고객들을 스피드하게 만나러 가는지를 몰랐던 것이다.

영업은 항상 누구에게 무엇을 팔 것인가? 그리고 그들의 성향은 어떠한가? 그리고 내가 어떤 전략을 갖고 가야 하는지가 결과에 큰 영향을 끼친다. 아무 생각 없이 무작정 열심히 하는 영업사원은 늘 피곤하고 힘들다. 고객 분석과 목표를 정확히 해야 한다. 이런 전략으로 나는 항상 지하철 판매왕이었고 수입도 대기업 과장급 이상의 돈을 벌어 들였다. 또한 새로운 상품이 들어오면 상품의 특성과 고객 접근을 위한 멘트를 작성해서 노점상들에게 배포해주는 역할까지 했다.

영업은 그 어떠한 스펙도 필요 없다. 다른 사람보다 일찍 일어나고 목표를 세우고 최선을 다하는 것이 판매왕이 되는 비결이다. 여기서 최선을 다한다는 것은 절대로 포기하지 않는다는 것이다. 지속적인 열정 즉 '그릿'을 갖고 전진하면 내가 원하는 그 어떤 곳에도 올라갈 수 있다.

스펙이 부족해도 판매왕이 될 수 있으며, 판매왕이 되면 내가 원하는 대기업도 갈 수 있고 내가 원하는 사업도 할 수 있다. 영업사원의 스펙은 철저한 자기 관리와 무한한 긍정마인드가 최고다!

평범한 상품을
특별하게 만드는 기술

'의미 부여'라는 조미료

우리는 살아가는 동안 정말 열심히 노력하고 일을 한다. 집에서, 학교에서, 직장에서, 내가 있는 모든 곳에서 모두가 열심히 살아간다. 그런데 그 삶이 결코 나아지지가 않는다. 나 스스로 정말 온힘을 바쳐 일하는데 결국은 또 제자리걸음을 하는 경우가 많다. 그것은 모두가 '열심히'만 살았기 때문이다.

나 자신을 특별하게 돌보지 않고, 특별하게 생각하지도 않고 그냥 남들 살아가는 것처럼 살아보려고 열심히, 묵묵히 자신의 존재도 잘 모른채 그냥 사는 사람이 많다.

영업에서 선배들이나 윗사람들은 늘 이렇게 말한다. '열심히 하는 것도 좋지만 잘해라! 아무리 열심히 해봤자 결과가 없으면 소용없어!

그러니 잘해라 잘해!' 그러면 '누군 잘하고 싶지 않아서 그런가? 안 되니깐 그렇지'라고 푸념을 늘어놓는 사람도 있다. 그런데 정말 열심히 했을까? 앞서도 말했듯이 그냥 남들 하는 것처럼 열심히만 한 것은 아닐까? 또한 자신을 특별하게 생각하고, 상품을 특별하게 생각하고, 고객을 특별하게 생각하면서 일을 했을까? 진심으로 자신에게 물어봐야 한다.

평범한 나를 소중히 하고 특별하게 생각한다면 고객은 나를 알아보게 되어 있다. 하물며 내가 판매하는 상품을 특별하게 만들지 않으면 고객은 쳐다보지도 않는다. 특별하다는 것은 어려운 말이 아니다. 그냥 일반적인 것에 살짝 포장을 더하거나 의미를 부여하면 특별하게 되는 것이다.

내가 지하철에서 노점상을 할 때 판매한 상품은 대략 70~80가지나 된다. 천 원짜리부터 최대 만 원짜리까지 너무나 다양한 물건을 팔았다. 그런데 지하철 승객들은 특별하지도 않은 잡상인이 판매하는 그 상품들은 쉽게 산다. 왜일까? 실제로 지하철에서 밴드종합세트를 팔았을 때의 멘트다.

"안녕하십니까? 아르바이트 학생입니다. 오늘 하루 특별하고 행복한 날이지요? 제가 오늘 여러분께 보여드릴 상품은 집에 반드시 있어야 하고 생활하면서 필수적으로 지참해야 할 상품입니다. 남녀노소 누구에게나 필요하고, 없으면 큰일 나는 상품, 바로 밴드종합세트입니다.

총 52장이 들어가 있습니다. 작은 상처부터 큰 상처까지 모두를 치유할 수 있는 엄청난 밴드입니다. 여러분들도 아시다시피 시중에 파는 10장짜리 대일밴드도 가격이 천 원이나 합니다. 그런데 이 밴드 종합세트는 가격이, 가격이 깜짝 놀라실 가격 단돈! 단돈! 천 원입니다. 아, 거기 잠깐만요. 설명을 조금만 더하고 갖다 드리겠습니다. 천 원이면 아이스크림 하나 사먹는 가격도 안 되는 가격입니다. 그런데 천 원으로 가족과 나와 이웃의 상처를 지켜 드릴 수 있습니다. 단돈 천 원! 단돈 천 원으로 모시겠습니다. 네, 감사합니다."

또 다른 상품, 요술장갑을 팔 때다.

"여러분 안녕하십니까? 아르바이트 학생입니다. 너무너무 기분 좋은 날이지요? 날씨가 점점 쌀쌀해지고 있습니다. 이럴 때일수록 건강을 잘 지켜야 합니다. 내가 아프면 가족과 주위 사람들에게 피해를 주게 됩니다. 그래서 가장 중요한 것은 나의 건강입니다. 겨울이 되면 제일 먼저 손이 시립니다. 손만 따뜻해도 온몸이 따뜻해집니다. 마라톤선수들도 반팔에 반바지를 입고 뛸 때도 장갑을 꼭 끼는 이유가 그런 겁니다. 장갑은 너무나 소중합니다. 오늘 여러분께 소개해드릴 상품은 요술장갑입니다. 짜잔! 장갑이 너무 작아 보이죠? 그런데 이 장갑은 요술장갑이기 때문에 누구나 낄 수 있는 장갑입니다. 어린이부터 손이 큰 이만기 선수도 낄 수 있는 장갑입니다. 제가 손이 좀 큰데 보실까요? 자~어때요? 너무 예쁘고 좋죠? 가격을 들으면 더 놀라실 겁니다. 요술같은 가격입니다. 시중에 장갑 하나 사려면 최하 2~3천 원을 주셔야 하지요? 이 상품 오늘 특별가격 단돈 천 원에 모십니다. 한 짝에 천 원이 아니라 두 짝에 천 원입니다. 오늘 바로 끼고 건강도 지키고 선물도 하시면 좋습니다. 자, 단돈 천 원, 천 원입니다."

위 두 가지의 상품을 팔 때 어떻게 팔고 있는지 느낌이 있는가? 지하철 노점상이 천 원짜리 하나를 팔더라도 여러 가지 기술이 들어가 있다.

첫째, 사람들의 불쾌한 기분을 조금 좋게 만드는 인사말을 한다.

둘째, 현재의 환경을 말해서 상품에 집중할 수 있도록 만든다.

셋째, 비교를 해서 이 상품이 다른 비슷한 상품보다 월등히 싸다고 생각하게 한다.

넷째, 사람들이 많이 찾는 것처럼 설명 도중 잠깐 기다리게 한다.

다섯째, 가격이 싸다는 것을 강조하면서 상품을 보여준다.

상품 설명은 1분도 채 되지 않지만 그 속에 다섯 가지의 기술을 넣었다. 평범한 상품을 특별하게 만든 것이다. 이렇게 팔면 평균 한 객차에서 4~6개 정도 팔린다. 많이 팔리지 않는다고 생각되겠지만 나는 스피드하게 장사했다. 한 객차에서 2분, 총 10객차에서 20분, 20분 만에 40~60개를 판다. 1시간이면 100여 개 이상을 판다. 그래서 하루 3~4시간만 일하면 300~400개를 파는 것이다. 평균 마진이 40~50%다. 짧은 시간 일하고 12~20만 원 정도를 매일매일 벌었다.

이것이 가능한 이유는 상품이 특별하게 좋아서가 아니다. 판매를 하는 상품에 특별함을 입히고 고객을 순간 끌어당기기 때문이다. 물론 상품이 나쁜 것은 아니다. 천 원의 가치는 충분히 있기 때문에 고객은 아주 쉽게 지갑을 여는 것이다. 그런데 이런 생각을 할 수도 있다. 가격이 싸니까 특별하지 않아도 사는 것 아닌가?

그렇다면 고가의 상품을 특별하게 만들어 팔았던 이야기를 해보겠다.

특별한 그 무엇

어느 날 고객과 상담하는데 내게 고민을 털어놓았다.

"김 팀장님 리조트를 이번에 분양을 받고 싶은데 다른 회사의 리조트와 같은 평수에 비슷한 상품인 것 같네요. 그런데 여기 리조트가 천만 원이나 더 비싸더라고요? 왜 그런 거죠?"

사실 이런 질문을 많이 받는데 항상 고가의 상품을 구매하는 분은 한 곳의 상품만 보는 것이 아니라 여러 곳을 알아보고 가격도 비교하기 때문이다. 나는 다음과 같이 이야기했다.

"아, 사모님. 저희 리조트 가격이 다른 리조트에 비해서 많이 싸지는 않죠? 그런데 어떤 분들은 저희 상품을 이용해보고 충분히 그런 가치가 있다고 하면서 싸다고 하는 분들도 많이 계십니다. 먼저 리조트를 분양받을 때 가장 중요한 것은 이용할 수 있는 범위가 넓은가를 보셔야 합니다. 즉 리조트는 1~2년 사용하다가 마는 것이 아니라 보통 10~20년간 장기 계약을 하게 됩니다. 그렇다면 체인점 수가 적으면 매번 같은 곳만 이용해야 하고 그렇게 되면 싫증이 금방 나겠지요? 그런데 체인점 수가 많고 또한 앞으로도 체인점을 늘릴 계획이 확정되어 있다면 그런 미래가치도 함께 생각하는 것이 좋겠지요. 제일 중요한 것은 내가 이용할 때, 내가 원하는 날짜에 이용을 할 수 있느냐가 관건입니다. 그런데 체인점 수가 적으면 늘 같은 날짜에 한 곳으로만 몰리기 때문에 이용할 수 있는 기회가 많이 적습니다. 그래서 체인점 수가 굉장히 중요합니다. 또 하나, 시설을 보셔야 합니다. 저희 리조트는 대부분 최근에 지어진 것이고 오래된 리조트는 리모델링을 통해서 모두 업그레이드 했습니다. 이러한 리조트상품은 특히나 싼 게 비지떡이듯이 가격을 정확히 보셔야 합니다. 그리고 여기서 제일 중요한 것은 제가 직접 관리를 해 드린다는 것입니다. 바로 1:1 전담직원서비스로 말입니다."

이렇게 고객에게 설명을 하면 고객은 머릿속으로 상상을 하면서 왜 이 상품을 분양받아야 하는지 이해가 된다. 고가의 상품은 어떤 말의 기술로 사는 것이 아니다. 말 잘한다고 몇 천만 원짜리 상품을 그냥 사는 고객은 없다. 충분히 고려하고 비교하고 사게 된다. 그래서 고가의 상품들을 설명할 때는 사실에 입각해서 정확한 설명을 해야지 그냥 뜬구름 잡듯이 없는 걸 있는 것처럼 대충 말하면 사고 싶다가도 구매하지 않는다.

상품의 가격마다 설명방식의 차이가 있다. 특히 첫 문장에서 보듯이 고객이 비싸다고 느끼면 설명할 때 비싸다는 말을 하면 안 된다. 나 스스로 비싸다는 말을 많이 하면 머릿속에 비싸다는 생각이 자리 잡기 때문이다. '많이 싸지 않다', '그런 가치가 있어서 싸게 느낀다' 등 고객이 싸다는 생각을 갖게 만드는 것이 약간의 심리 기술이기도 하다. 하지만 고가의 상품은 고객이 신중히 잘 선택할 수 있도록 도와주는 것이 제일 좋은 방법이다.

영업을 하는 사람들은 수많은 상품들을 팔게 된다. 10원짜리 상품부터 몇 십 억짜리 상품까지 다양한 상품을 팔게 되는데 그러한 상품들은 저마다 특별한 '그 무엇'이 모두 있다. 단순하게 물건을 팔게 되면 아마추어가 되는 것이고 상품에 특별함을 입히게 되면 프로가 된다. 아마추어와 프로의 차이는 아주 미세한 부분에서 차이가 나는 것이다. 말 한 마디, 단어선택, 표정, 자신감 등에서 클래스 차이가 난다. 제일 중요한 것은 나 자신을 특별하게 만들어야 자신감도 생기고, 내가 판매하는 상품들이 특별하게 될 수 있다. 당신은 그 무엇보다도 소중한 특별한 사람이다.

신규 고객을
충성고객으로 만드는 법

'스캔' 당해라

1994년 3월 군 입대를 했다. 논산훈련소에서 훈련을 받고 철원 수색대에 자대 배치를 받았다. 인생에서 '충성'이란 단어를 가장 많이 쓴 곳이 바로 군대였다. 상관을 만날 때마다 충성이라는 구호를 외치며 경례를 했다.

우리나라는 유독 충성이라는 단어를 많이 사용한다. 과연 충성이란 무엇일까? 사전적 의미로는 '진정에서 나오는 정성 또는 마음속에서 우러나오는 정성'이라고 한다.

군대에서는 그 의미를 망각하고 그냥 인사말이기 때문에 마구 외쳤던 것 같다. 그럼 충성고객은 무엇일까? 말 그대로 마음속에서 우러나와 정성을 다하는 고객이라고 풀이할 수 있는데 사실 우리가 말하는 충성고객은 상품을 많이 팔아주는 고객을 뜻한다.

물론 기업에서는 자사의 제품을 많이, 꾸준히 구매하는 사람들을 충성고객이라고 하겠지만 영업사원에게 충성고객은 내가 판매하는 상품을 구매하는 고객을 진정한 충성고객으로 볼 수 있다. 그렇다면 충성고객을 만들기 위한 방법은 무엇이 있을까? 사전적 의미에도 들어가 있듯이 마음에서 나오는 정성을 다하면 나의 충성고객이 된다.

서울 올림픽아파트에 사시는 사모님이 계셨다. 그 분을 처음 만났을 때 50이 훌쩍 넘으셨고 손녀가 있었다. 나이를 몰랐다면 아마 40대 초반으로 보일 만큼 동안이셨다. 전화통화에서는 소녀처럼 상냥하고 듣기 좋은 매력적인 목소리를 가지셨기에 젊은 분인 줄 알았다.

처음 올림픽아파트 근처 커피숍에서 상담을 했는데 가족과 함께 그리고 손자와 함께 여행가는 것을 좋아하기 때문에 이번에 리조트를 분양받으려고 하는 것이었다. 역시나 대부분의 리조트 분양을 받는 분들은 첫째가 가족이다. 가족과 함께 좋은 추억을 만들기 위해서 조금은 편하고 안락한 곳을 찾아 여행을 가고 싶어 한다.

모든 영업사원이 그렇겠지만 나만의 '고객만남 규칙'이 있다.

첫째, 약속시간에 미리가거나 늦게 가지 않고 정확한 시간에 간다.

둘째, 최대한 좋은 옷을 입고 구두는 깨끗이 하고, 가장 밝은 모습으로 인사를 한다.

셋째, 고객의 말을 최대한 많이 들어준다.

이 세 가지가 신규 고객을 만날 때 꼭 지키는 규칙이다. 약속을 지키기 위해서 항상 약속장소 근처에 30분 전에 도착한다. 그날 설명할 상품을 다시 한 번 훑어보고 마음을 최대한 안정

시킨다. 그리고 오전 10시 약속이라면 정확히 10시에 초인종을 누르거나 약속 장소에 들어간다. 이럴 때 고객의 반응은 대부분 시계를 쳐다본다. 그리고 한마디 한다. "정확하시네요!" 벌써 고객에게 신뢰를 얻은 것이다.

고객과의 약속에서 조금 일찍 들어가게 되면 고객은 자신의 일을 마무리할 때까지 기다려 달라고 하지만 정확한 시간에 들어가면 고객은 하던 일이 있어도 나와의 미팅을 한다거나 하던 일을 마무리할 때까지 내게 미안함을 갖고 일을 마무리한다. 그러면 이미 고객에게 점수를 받고 시작하는 기분이다.

고객은 영업사원을 보면 위부터 아래까지 한 번에 쭉 훑어본다. 특히 부자들은 더 그렇다. 왜냐면 자신이 상대할 영업사원의 모습이 자신과 격이 맞는지 대화가 가능할지를 겉모습으로 먼저 판단한다. 그리고 마지막으로 환하게 웃으면서 인사를 하면 고객의 마음은 풀리게 되어 있다. 헐레벌떡 뛰어가서 땀을 흘리며 죄송하다고 하면서, 복장은 난잡하

고 얼굴은 긴장감으로 가득 찬 영업사원하고는 계약을 잘 하지 않는다.

사모님은 나를 소개받았다면서 오히려 많이 칭찬해주는 고객이었다. 관리도 잘해주시고 좋은 분이라고 소개를 받았다는 것이다. 왠지 고객이 나를 영업하는 것처럼 기분 좋게 들렸다. 고객과 이야기를 하고 깔끔하게 계약을 마치고 돌아 왔다.

그 사모님은 항상 나에게 지시를 하는 것이 아니고 부탁을 하면서 말을 했다. 역시 부자들은 고수라는 생각을 했다. 사람의 마음을 먼저 가져가는 고수들. 아무리 어려운 부탁이라도 고수들의 부탁은 들어줄 수밖에 없다. 왜냐면 이미 고수들에게 마음을 빼앗겼기 때문에 무슨 수를 써서라도 해결하려고 한다. 나의 지론 중에 하나는 '사람이 해서 안 될 일은 없다' 이다. 항상 고객의 부탁을 들었을 때 이 이야기를 자주 하는 편이다. 그러면 고객은 굉장히 안심을 하고 나를 믿는다.

나를 따라오는 고객

처음 만났을 때의 내 모습과 고객을 관리하면서의 나의 모습은 고객을 충성고객으로 만드는 중요한 역할을 하게 된다. 영업사원이 작은 것 하나까지도 챙기는 세심함을 보이면 고객은 나를 다른 사람에게 소개해주게 된다.

우리가 살아가면서 좋은 사람이 있으면 친구나 가족에게 소개를 시켜주고 싶은 것처럼 영업사원도 좋은 사람으로 각인되면 주위 사람들에게 소개해준다. 바로 나를 위한 나의 또 다른 영업사원이 되어 주는 것이다. 이렇게 또 다른 영업사원을 많이 보유한 사람이 영업에서 상위

랭킹을 차지할 수 있다.

어느 날 내가 경쟁사로 이직을 할 때 고객들에게 편지를 써서 보낸 적이 있다. 물론 그냥 옮길 수도 있지만 최소한의 예의기 때문에 반드시 편지를 써서 양해를 구한다. 리조트 특성상 담당직원이 경쟁사로 옮기게 되면 남아 있는 고객은 관리해주던 직원이 떠나는 것이기 때문에 약간의 불편함을 겪게 된다. 그래서 옮기는 영업사원을 못마땅하게 생각할 수도 있다. 그렇지만 이렇게 정중히 편지를 쓰고 떠나면 조금의 위안을 줄 수 있는 것이다.

일일이 고객에게 편지를 쓰고 경쟁사로 옮기면, 나중에 고객들이 다시 몇 천만 원짜리 리조트를 하나 더 계약하는 결과를 가져온다. 이들이 바로 충성고객이다. 고객은 특정 회사의 브랜드를 믿고 특정 브랜드의 충성고객도 있겠지만 브랜드가 아닌 영업사원을 믿고 영업사원의 상품을 사는 고객이 최고의 충성고객이라고 볼 수 있다.

예전에 영화배우 정우성이 학창시절에 패스트푸드점에서 일했던 이야기가 TV에 나왔다. 사람들은 처음엔 햄버거를 먹으러 갔지만 나중엔 잘생긴 정우성을 보러 간 것이다. 이것은 햄버거의 충성고객이 아닌 정우성의 충성고객인 것이다. 결국 브랜드도 좋지만 사람에 대한 충성고객이 굉장히 중요하다는 것을 알 수 있다.

어떤 광고카피에 이런 말이 있다. '고객은 항상 옳다!' 솔직히 이 말이 딱 맞는 것은 아니지만 나 역시도 고객은 항상 옳다고 생각하고 고객의 말에 귀를 기울이고 고객의 소리를 적극적으로 듣는다.

요즘 사람들은 이야기를 많이 하고 싶어 한다. 그런데 들어주는 사람이 별로 없다. 다들 바쁘고 자기 말만 더 강조하는 그런 시대다. 고객의 말을 들을 준비가 되어 있고 고객이 말을 많이 할 수 있게 해준다면 그 고객은 나의 영원한 충성고객이 된다. 특히나 불평불만을 호소하는 고객의 말은 어떤 답을 해준다고 풀리는 것이 아니라 진심으로 고객의 입장이 되어 열심히 들어주기만 해도 반 이상은 해결된다. 고객의 마음을 공감하면서 함께 이야기를 나누면 고객은 어느새 마음이 풀리고 오히려 내게 미안함을 갖게 된다. 고객의 불평불만은 대부분 영업사원 때문에 생기는 것이 아니기 때문이다. 그래서 고객은 내가 잘 챙기고 마음을 잘 이해해주면 고객 이상의 가족같은 관계가 되는 것이다.

고객은 영업사원의
머리 위에 있다

변명도 죄다

영업사원은 책도 많이 읽고, 공부를 게을리해서는 안 되며, 꾸준한 자기계발을 통해서 매일매일 나를 성장시켜야 한다. 고객을 상대하기 위해서는 정치, 경제, 사회, 문화, 스포츠까지 모든 면에서 알아야 하며 고객과의 대화에서 허점을 보여서는 안 된다. 허점을 보이는 순간 프로가 아닌 아마추어가 된다. 그런데 간혹 어리석은 영업사원들이 있다. 본인 스스로 공부도 안 하고 박학다식하다고 생각하면서 고객을 대하는 것이다. 이런 영업사원들은 실상 아는 것도 없고 결국 고객을 내 사람으로 만들지 못한다.

지식이 쌓이고 경험이 보태지면 그것이 지혜가 된다. 고객은 이미 지혜로운 사람이다. 우리의 상품을 사는 고객은 상품에 대해서 잘 모를 수 있지만 고객만의 경험이 있고 전문분야는 누구나 있기 때문이다.

우리 주변의 사람들을 둘러보자. 평범한 아주머니도 정리의 달인이고, 지나가는 중2 학생들은 감수성의 달인이고, 길거리 노숙자들은 그들만의 멋진 과거들이 있다.

한번은 고객에게 큰 실수를 한 적이 있었다. 몇 달 전부터 가족들과 중요한 지인이 여행을 가니 방을 예약해 달라 했었다. 수백 억대 자산을 갖고 있는 VIP 고객이었다. 몇 억짜리 상품을 두 개나 계약하신 분이라 특히나 깍듯이 잘 모셨었다. 물론 그 분의 재력이라면 어떤 곳이든 맘대로 예약을 하고 갈 수 있었지만 마치 내게 기회를 주는 듯한 기분이 들었다. 그날도 무조건 걱정하지 마시고 여행준비를 잘 하라고 말씀드렸다. 고객 역시 내게 부탁해서 못 들어준 적이 없었기 때문에 별 걱정 없이 예약부탁을 했다. 고객이 부탁한 날은 일 년 중 가장 어렵다는 7월 30일부터의 2박 3일 바닷가 리조트였다.

리조트 영업직원들은 여름휴가철이 다가오면 점점 머리가 빠지고 원형탈모증이 생길 정도로 스트레스를 많이 받는다. 대부분 고객들이 같은 날짜에 바닷가 리조트를 원하기 때문이다. 한정적인 객실인데 원하는 사람들은 객실 수보다 거의 10배나 넘는다. 이때가 되면 영업사원들은 전쟁이 시작된다. 서로 방을 교환하고 고객의 일정을 맞춰주고 최선을 다한다. 나 역시 고객이 많기 때문에 일정을 체크하고 조정하고, 만족을 드리려고 굉장한 에너지를 쏟아 붓는 시기다. 가끔 고객 일정이 취소되면 다른 고객에게 예약번호를 양도해 드리기도 하고 담당직원으로서의 역할에 최선을 다한다.

VIP고객의 일정을 항상 체크하고 준비를 하다가 원하는 날짜가 거의 다 됐을 때 일이 터져 버렸다. 정신없이 바쁘게 일을 처리하다가 그분의 일정을 누락해 버린 것이다. 순간 너무나 당황을 했고, 요즘 말하는 '멘붕(멘탈 붕괴)' 사태였다. 그때는 이미 손을 쓸 수 없을 만큼 예약상황이 어려웠고 해결방법이 없었다. 어떻게든 손써 보려고 동분서주 했지만 가능성이 없었다. 그래서 솔직하게 고객에게 말씀드리려고 방문 약속을 잡았다.

약속 장소는 개인 오피스텔이었다. 그곳에 갔더니 비서 한 명이 기다리고 있었고 고객은 경락마사지를 받고 있었다. 그 모습을 보면서 오히려 더 위축이 되었다. 마치 영화의 한 장면 같았다. 마사지를 마치고 테이블에서 이야기를 하는데, 나는 어떤 변명이라도 하려고 주저리주저리 말을 이어갔다. 그 순간 고객은 내 말을 끊고 이렇게 이야기했다.

"김성기 팀장님, 결론은 안 됐다는 이야기죠? 김 팀장님의 사정은 내게 중요하지 않습니다. 내겐 결과만 중요합니다. 앞으로 이런 일이 있을 때는 변명 같은 것은 하지 말고 그냥 결과만 말씀 하세요. 그것이 중요합니다."

순간 할 말을 잃었다. 머리가 하얘지는 듯한 느낌이었고 큰 깨달음을 얻었다. 그분의 말이 다 맞았다. 내 사정이나 변명은 고객에게는 전혀 중요하지 않았다. 현재의 상황이 중요한 것이지 지나간 일들은 전혀 필요 없는 이야기들인 것이다. 고객이 알고 싶었던 것은 지금 예약이 되느냐 안 되느냐 였기 때문이다.

영업을 하면서 얻은 그날의 깨달음은 사회생활을 하면서도 많은 도움이 되었다. 직장상사가 어떤 일을 시켜서 일의 마무리를 잘 못했을 때, 역시 변명이 아닌 나의 실수를 인정하고 잘못을 말하면 된다.

팀원들 중에 유독 변명을 많이 하는 직원이 있었다. 지각을 하면 지하철이 연착이 되었다고 하고, 업무를 지시한 후 마감기한이 되면 감기가 걸려서 일을 못했다고 하고, 모든 상황들에 일일이 변명을 늘어놓는 사람이었다. 이런 직원이 끝없이 변명을 늘어놓을 때 나의 경험을 들려주고 이렇게 깨달았으니 너희들도 앞으로 고객을 만나거나 직장상사를 만났을 때 쓸데없는 변명을 늘어놓지 말고 현재의 상황을 인정하고 해결책을 이야기하는 것이 더 중요하다고 조언한다.

물론 사람은 잘 변하지 않는다는 것을 종종 본다. 아무리 이야기를 해도 항상 그대로인 직원들은 여전히 승진도 못하고 만년 대리, 만년 과장으로 회사에서 자리만 차지하기도 한다. 이런 깨달음이 나에겐 직장에서 빠른 승진을 할 수 있게 한 원동력이 되었다.

잘 모르면 배운다

한번은 이런 일이 있었다. 고급 리조트를 분양하는데 직접 룸쇼(방을 보여 주는 일)를 하러 현장으로 갔다. 리조트를 보여주면서 벽지는 고급 실크 원단을 사용했고 바닥의 재질이 천연나무이며 벽지는 이태리에서 수입을 했고 건축양식은 어쩌고저쩌고 한창 이야기를 했는데 고객이 살짝 미소를 짓는 게 아닌가? 순간 내가 너무 아는 척을 했나 보다 하는 생각이 들었다. 느낌이 좀 이상해서 고객의 명함을 슬며시 다시 보니 건축설계사 대표였던 것이다.

명함을 받으면 항상 꼼꼼하게 살펴보는데 그분의 명함이 외국계 명함이라 자세히 안 보았다. 내가 아는 대로 한껏 이야기를 했지만 결국 내 설명에 오류가 많았던 것이다. 열심히 공부를 하고 준비를 했어야 했다. 제대로 준비를 못하고 고객을 모시고 갔던 것이 내 실수였다. 그분은 벽지나 마감재, 마룻바닥 등이 내가 설명하고 있는 것과 조금 다른 것이라고 상냥하게 설명해 주셨다. 전문가적인 용어를 쓰면서 건축구조도 가르쳐주시고 오히려 나보다 더 많은 포인트를 말씀해주셨다.

솔직히 많이 당황스럽고 창피했지만 그분이 들려주는 이야기를 귀담아 듣고 메모까지 했다. 왜냐면 나중에 다른 고객들에게 설명을 제대로 해야 했기 때문이다. 고객은 내가 받아 적고 학생처럼 열심히 듣고 있으니까 내심 기분이 좋았던 것 같다. 설명은 부족했지만 고객은 전체적으로 맘에 든다며 그 자리에서 계약을 해주었다.

영업을 하면서 깨닫고, 배우고, 익히는 것이 정말 많다. 아무리 공부를 많이 한다고 해서 전문으로 하는 사람들에게는 '새 발의 피' 정도일 것이다. 그들은 수년에서 수십 년을 한 방향만 전문적으로 했던 사람들이다. 무턱대고 다 아는 척 하는 것보다는 먼저 고객의 이야기를 듣는 것이 중요하다. 그리고 고객이 물어보는 질문에 성심성의껏 이야기를 하면 된다. 내가 스스로 미리미리 전반적인 모든 것을 주저리주저리 설명할 필요가 없다. 고객이 궁금한 몇 가지만 이야기해주는 것이 고객도 복잡하게 생각하지 않고 원하는 것을 얻게 해주는 정답이라고 생각한다. 고객은 항상 영업사원의 머리 위에 있다는 것을 명심하고 공부를 게을리해서는 안 된다.

영업을 배우면
절대로 밥 굶지 않는다

영업은 아무나 하나

사람들은 말한다. "야, 할 일 없으면 영업이나 해!"

할 일 없으면 하는 일이 영업인가? 그렇다면 영업은 누구나 할 수 있고 아무나 영업을 해서 돈을 잘 벌 수 있을까? 우리나라는 아직까지도 영업을 직업의 가장 밑바닥 정도로 생각한다. 다들 예전보다 나아졌다고 하지만 우리의 문화수준이 올라간 것이지 영업에 대한 선입견은 과거 그대로 인 듯하다.

그런데 여기서 주목할 것이 있다. 이런 말들을 누가 한다고 생각하는가? 할 일 없으면 영업이나 하라고 하는 사람들! 기업의 대표나 성공한 사람들 그리고 부자들은 이런 이야기를 하지 않는다. 오히려 성공한 사람들이나 부자들은 영업사원을 가장 높은 직업의 사람으로 대해준다.

왜냐하면 그들도 성공의 발판은 모두 영업이었기 때문이다.

우리가 아는 수많은 성공인은 대부분 영업으로 성공한 사람들이다. 그런데 할 일 없으면 영업이나 하라고 말하는 사람은 지금 어떤 사람들인가? 잘 보면 성공하거나 부자인 사람들은 없다. 그렇게 말하는 사람들은 영업을 안 해본 사람들이다. 영업이라는 것이 얼마나 무한한 가능성이 있는지 얼마나 사람을 발전시키는지 잘 몰라서 하는 이야기다. 그래서 영업사원은 누구나 할 수 있지만 아무나 할 수 있는 직업이 아니다.

내 자신을 믿고 최선을 다하고 절대 포기하지 않는 열정을 가져야만 영업을 잘 할 수 있다. 영업은 내가 노력한 만큼 정말 순수하게 돈을 많이 벌 수 있는 직업이다.

지하철에서 노점상을 하면서 평소에 단가 천 원짜리 상품을 팔다가 자신감이 높아져서 5천 원짜리 고가의 상품을 팔기로 했다. 5천 원이면 싸게 느껴질 수 있지만 지하철에서 파는 물건치고는 굉장히 고가의 상품이다. 상품은 디지털휴대용 라디오였다. 말이 디지털이지 버튼을 누르면 주파수를 자동으로 찾아주는 간단한 제품이었다. 당시엔 가격대비 굉장히 좋은 상품이었다. 또한 고가의 상품이라 마진이 좋았다.

항상 새로운 상품이 나오면 물건을 공급하는 대표가 나를 불러서 회의를 했다. 상품을 어떻게 파는 게 좋을지 핵심 포인트를 찾아서 잘 팔아보자고 했다. 그러면 남들보다 단돈 100원이라도 더 싸게 물건을 준다. 지하철에서 라디오를 판다는 것은 그 당시에 어림도 없는 이야기였다. 지하에서는 라디오가 잘 나오지 않기 때문이다. 지금이야 와이파이나 스마트폰으로 언제든지 들을 수 있지만 1990년대 후반이나 2000년대 초반엔 상상도 할 수 없는 일이었다. 그런데 잘 나오지도 않는 라디오를 어떻게 팔 것인가?

일단 서울 지하철 노선도를 꺼냈고 지상으로 달리는 구간과 지하로 달리는 구간을 체크하기 시작했다. 상품 설명하는 시간과 물건을 파는 시간을 계산해서 최적의 상품멘트를 만들었다. 상품을 설명하고 라디오를 시연하는 동안에 지하로 내려가 버리면 물건을 팔 수 없다. 타이밍을 정확히 맞춰야 손님들은 지하에서도 터지는 라디오라고 신기해하면서 구매한다. 이 상품을 최초로 팔았던 사람이 바로 나였다.

평소에 오전 10시나 오후 2시쯤 지하철 영업을 했지만 라디오 상품을 팔 때는 고객을 고려했을 때 오히려 조용한 새벽 첫차가 좋다고 판단했다. 서울 지하철 새벽 첫차에는 생각보다 사람들이 많다. 대신 조용한 편이고 대부분 피곤해서 잠을 자거나 책을 본다. 지하철 첫차는 새벽 5시 후반에서 6시 초반 시간대. 이 시간에 장사를 하려면 5시쯤 일어나야 준비하고 나갈 수 있다.

다른 노점상들처럼 지하철 객차 내에 아무데나 서서 상품을 설명하는 것이 아니라 나만의 설명 포인트 지점을 설정했다. 지하철은 한 칸 한 면에 총 4개의 문이 있다. 그중에 3번째 문 쪽에서 1번 문 쪽을 향해 서서 설명을 한다. 그래야 앞뒤로 모두 내 음성이 들리고 설명이 끝나면 물건을 팔면서 다음 칸으로 바로 넘어갈 수 있는 스피드영업을 할 수 있기 때문이다. 이러한 노하우를 노점하시는 분들께도 잘 설명해줬었다.

새벽 첫차에서 라디오를 팔 때는 조용한 클래식이 나오는 주파수를 미리 찾아놓고 들려준다. 그러면 사람들은 나를 주목하게 되고 음악이 나오는 라디오를 보고 신기해한다. 그때 설명하기 시작한다. 물론 잠자다가 깬 사람들은 소리를 지르기도 한다. "아침부터 잠도 못 자게 누가 떠들어!" 그러면 "금방 가겠습니다. 피곤하신데 죄송합니다" 말을 하고 다시 라디오를 판다. 역시 내 예상이 맞았다.

새벽 시간에 지하철에서 라디오를 판매하니 대박이 난 것이다. 그 결과를 사무실에 이야기했고 다른 사람들한테도 알려주었다. 그런데 다른 노점상들은 아무도 새벽에 나오지 않았다. 참으로 안타까운 현실이었다. 새벽에 잠깐만 영업을 하면 온종일 일을 안 해도 충분한 수익을 얻을 수 있는데 몸이 피곤하다, 아침잠은 자야 한다는 등등 말도 안 되는 소리들만 했다. 그렇지만 솔직히 더 좋았다. 경쟁자가 아무도 없기 때문에 오히려 새벽차를 타면 나를 기다리는 손님들도 있었다.

영업의 화신?

새벽 첫차는 항상 같은 차를 타는 사람들이 꽤 있다. 어제 사고 싶었는데 돈이 없어서 못 샀다면서 내가 타자마자 설명도 하기 전에 사가기도 한다. 그러면 너도나도 설명도 안 듣고 산다.

실제로 이런 방법을 사용하여 물건을 파는 사람들도 있다. 5천 원 이상의 고가의 물건은 손님들이 잘 구매하지 않기 때문에 일명 '코스'라는 아줌마를 고용해서 함께 팔기도 한다. 상품설명을 듣다가 '코스' 아주머니가 물건을 이리저리 만지면서 물건을 사간다. 그리고 바로 내려서 다음 칸으로 옮겨 타는 방법으로 구매를 유도하기도 한다. 지하철에서도 수많은 영업방법이 동원된다.

영업을 잘하려면 제일 중요한 것은 부지런해야 한다. 남들보다 먼저 일어나고 남들보다 더 많이 뛰어다녀야 하고 남들보다 더 많은 생각을 해야 한다. 전 세계의 판매왕이나 영업의 신들은 모두가 새벽에 일찍 일어나고, 또한 성공한 사람들의 대부분은 새벽을 잘 활용하는 사람들이다.

지하철 노점상을 하던 당시는 신설동역 근처 고시원에 있었다. 새벽에 일하고 시간이 날 때는 책도 보고 공부도 하면서 나름 자기계발을 하곤 했다. 나는 친구와 약속이 강남에서 있으면 지하철 타고 약속 장소까지 멍하게 가지 않는다. 작은 가방에 건전지 30세트 정도를 넣어서 강남역에 갈 때까지 건전지를 팔면서 갔다. 어차피 지하철을 타는데 몇 마디 떠들면 돈을 벌 수 있어서 그냥 가는 시간이 너무 아까웠다. 건전지 세트가 몇 개 남으면 친구들한테 나머지를 팔아버린다. 그 돈으로 기분 좋게 맥주도 한잔 사주고 그랬다.

늘 이런 생각을 했다. '내가 움직이면 돈이고, 시간은 돈이다. 주어진 시간을 최대한 활용해서 돈을 벌자. 시간을 허투루 사용하는 것은 죄악이다.'

영업을 제대로 배운 사람, 즉 내 시간을 잘 활용하고 '시간이 돈이다'라는 것을 깨달은 영업사원은 절대 무엇을 해도 실패하거나 굶지 않는다. 항상 기회를 잘 활용하고 내 것을 만드는 기술이 있다. 그것은 영업에서 나오는 진정한 힘이다. 시간을 경영하고 하루를 설계할 줄 알면 미래를 설계하고 경영하는 것은 아주 쉬운 일이다. 작은 성공이 하나씩 하나씩 쌓이면 큰 성공을 이룰 수 있고 하루하루가 보람차게 모이면 미래는 빛날 수밖에 없다.

작은 차이가
영업의 승패를 좌우한다

콕 찍어서 말하기

"당신은 오늘 어떤 하루를 보냈습니까?"
"나는 인생 최고의 하루를 보냈습니다."

내 인생의 목표는 매일매일 조금씩 성장하는 것이다. 남들 눈에 성장한 모습이 보이지 않을 수 있겠지만 나 스스로는 잘 알 수 있다. 좋은 생각을 많이 했고, 책을 읽었고, 사람들에게 꿈과 목표를 심어주었다. 이렇게 내가 조금씩 더 성장함을 느낀다. 그런데 매일이 똑같고 오히려 전날보다 더 헛되이 하루를 보내는 사람들이 많다. 좋은 생각과 꿈을 설계하면서 조금씩 전진하면 인생은 달라질 것이다. 이러한 것들이 행복한 습관으로 자리 잡으면 우리들의 인생은 멋진 인생으로 바뀐다.

전국 팔도를 돌며 축제장에 가서 황태를 팔고 많은 사람들을 만났다. 10년 이상 장돌뱅이로 돌아다니는 숨은 고수들이 전국에는 아주 많다. 그들에게 장사의 기술들을 배우려고 무척 애를 썼다. 말은 어떻게 하고, 행동은 어떻게 하고, 가격은 어떻게 흥정하는지를 유심히 지켜보고 내 것으로 만들었다. 연령별 멘트도 다르고, 남녀에게 말하는 말투도 다르고, 그때그때 강약을 줘서 밀고 당기는, 그야말로 장사의 신들이 곳곳에 숨어 있었다. 시장에서 실제적인 장사를 배우고 익힌 것이 내겐 큰 도움이 되었다.

영덕대게 축제에 갔을 때 내 부스 앞에는 메밀건빵과 회오리감자를 파는 장사꾼이 있었다. 부부 한 쌍과 같이하는 남자 한 명이 있었는데 이들의 장사를 보면서 절대로 저렇게 장사를 하지 말아야겠다고 다짐을 했다.

시식을 시킨다고 건빵을 앞에 작게 잘라서 갖다 놨는데 손님들이 가끔 시식용이 아닌 건빵을 먹기라도 하면 '왜 맘대로 먹어요!'라며 버럭 화를 내는 것을 봤다. 물론 장사도 안 되고 손님들은 그냥 시식용만 마구 먹고 가니 화가 날 수도 있지만 장사를 하는 사람이 손님에게 막 대하는 모습을 보니 안타까웠다.

또한 음식을 파는 어떤 장사는 손님이 와도 버젓이 담배를 물고 왔다 갔다 하면서 물건을 담아줬다. 솔직히 보면서 너무나 더럽다고 생각했다. 나름 장사경력이 많아서 손님을 잡고 말은 잘했는데 식품 위생이라든가 장사꾼의 행동이 너무나 불쾌할 정도였다. 며칠 동안 보면서 온종일 불평불만만 하는 그들을 보면서 애처로워 보이기도 했다. 조금만 개선하면 정말 잘할 것 같은데, 예전엔 장사가 잘됐다면서 옛날 생각만 하는 그들이 안 돼 보였다.

스펜서 존슨의 《누가 내 치즈를 옮겼을까?》는 급변하는 세계 속에서 변화하지 않으면 도태될지 모른다는 두려움에 시달리는 현대인들에게 변화의 방법을 명쾌하고도 간단하게 일러주는 책이다. 사람들은 잘 됐었던 예전 기억만 갖고 현실을 부정하기도 한다. 변화를 두려워하면 아무것도 할 수 없다.

나는 '리버마켓'이라는 우리나라 최대 플리마켓에 참여하게 되면서 진정한 장사라는 것에 대해 깨달았다. 진정한 장사란 단순히 물건만 파는 것이 아니라 문화를 파는 것, 나의 모든 생각, 말, 행동, 습관들을 보여주는 것이다.

성의가 없으면 손님도 없다

리버마켓에 처음 참여했을 때는 여느 행사장에 참여 했을 때처럼 배너광고판을 세우고 현수막을 걸고 내 부스가 눈에 띄게 하려고 덕지덕지 붙였었다. 그런데 기존에 참여하고 있던 판매자들의 부스들은 그런 인위적인 조잡함이 전혀 없고, 자신만의 개성을 살린 광고글씨와 인테리어 그리고 상품들이 모두 작품으로 느껴지게 진열되어 있었다.

처음 부스를 요란하게 꾸몄을 때 리버마켓을 감독하는 감독님이 부스를 이렇게 꾸미고 저렇게 만들고 등등의 조언을 하지 않고 그냥 부스를 한참 둘러보고 가시면서 한마디 했다.

"처음 왔으니 다른 부스를 한번 둘러보세요."

처음엔 그것이 무슨 뜻인지 몰랐는데 하루에 몇 번을 둘러보고 판매자들의 생각들을 들으면서 내 부스가 너무 시장통에서 하는 잡상인 같고 정말 볼품이 없다는 것을 알게 되었다.

그래서 그 다음 참여할 때는 현수막도 치우고, 배너도 치우고, 수북이 쌓아뒀던 황태들을 최소화 해서 진열한 다음, 멋진 나무간판도 만들어서 진열했다. 그제야 손님들은 내 부스를 조금씩 봐주었고 상품이 팔리기 시작했다. 전에 전국 축제장에서 팔았던 부스를 그대로 꾸미고 진열 했던 것이 리버마켓에서는 정말 부끄러울 정도의 수준이었다. 격이 다른 마켓이었다. 그때부터 매주 나갈 때마다 다른 판매자들의 부스를

벤치마킹 하면서 조금씩 바꿔나가기로 했다.

부스 앞에도 대나무로 엮은 예쁜 쓰레기통을 놓았고, 어느 날은 작은 화분을 하나 놨고, 내 등 뒤로는 황태를 모빌처럼 매달아서 설치예술처럼 변화를 주고 예쁜 전등도 달았다. 이렇게 매주 조금씩 나만의 상점을 만들어 나갔다.

그러자 놀라운 일들이 생겼다. 고객들이 부스 앞에서 사진을 찍는 것이 아닌가? 또한 사진작가들이 내가 만든 간판도 사진을 찍고 부스를 마치 예술작품을 보듯이 정성스레 카메라에 담아갔다. 지나가는 아이들은 "와! 간판에 황태가 있어요!" 하면서 신기해했다. 그러면서 처음보다 매주 매출이 증가했다.

조금씩 상점에 변화를 주기 시작하면서 마인드도 올라갔고 미소도 올라가고 목소리도 더 밝아지기 시작했다. 어느새 나도 리버마켓의 진정한 일원으로 자리를 잡아가고 있었다. 물론 기존 판매자들에 비하면 많이 부족했지만 판매자들이 매번 업그레이드된다면서 칭찬을 아끼지 않았다. 단골도 생기고 장사는 점점 잘되고 행복한 나날을 보내게 되었다.

처음엔 멋도 모르고 그냥 전국팔도를 돌아다니는 장사꾼처럼 장사를 했다. 그러다 조금씩 변화를 주고 나만의 상점을 작은 화랑으로 만들어가고, 늘 발전하는 상점으로 꾸미다 보니 내 상점은 점점 멋지게 변했다.

한 번에 눈에 띄게 바뀌지는 않았지만 작은 변화들이 모여서 하나의 작품처럼 바뀌는 것을 보면서 장사라는 것이 이렇게 사람들 마음에 잔

잔히 스며들게 하는 것이구나 하고 깨달았다.

장사를 하다보면 매일 매순간마다 즐겁고 행복하지는 않다. 피곤할 때도 있고 안 좋은 일도 있고 여러 가지 일들이 나의 표정과 말투에 고스란히 묻어 나온다. 그런데 이런 내면의 변화를 고객들은 단박에 알아챈다. 말을 걸어보지 않더라고 내게 풍기는 나쁜 기운을 느끼는 것인지 그런 날은 유동 인구가 더 많더라도 매출은 현격히 줄어 있다.

참으로 신기한 일이다. 내가 의식하지 못하고 있는 그 순간에도 내 '몸'이 영업을 하고 있었던 것이다. 결국 좋은 영업이나 잘하는 영업이 따로 있는 것이 아니란 의미가 된다. 그런 경험을 여러 번 한 이후에는 아침에 장사를 시작하기 전에 작은 다짐을 여러 번 하고 웃는 표정도 열심히 연습을 한다. 그리고 좋은 생각을 자꾸 하면서 내 기운을 좋은 기운으로 탈바꿈 시키는 데 많은 노력을 한다. 이것은 내가 장사를 하면서 깨달은 이치다. 좋은 자기암시를 하면서 좋은 손님들을 끌어당기고 항상 웃음이 넘치는 나의 부스로 만든다. 그래서 리버마켓에서 사람들은 내게 이런 말을 한다.

"황태가 선생님은 맨날 뭐가 그렇게 즐거우세요? 선생님을 만나면 즐겁습니다!"

영업도 장사고 장사도 영업이다. 고객은 그러한 작은 차이를 귀신처럼 알아챈다. 영업을 하면서 수천 명의 사람을 만났다. 항상 어떠한 고객이라도 최선을 다하면 내게 돌아오는 매출은 어마어마하게 차이가 났다. 고객 또한 그러한 미묘한 차이를 바로 느끼기 때문에 그날의 매출을 좌우한다.

이렇게 작은 차이 하나하나가 영업의 승패를 좌우한다.

실적을 10배 올리는 멘트기술 9가지

멘트만 살짝 바꿔도 실적이 배가 된다

고객이 듣고 싶은 말은 따로 있다

성과는 말투에서 시작된다

최대한 쉽게 말하라

확신에 찬 어조로 말하라

최대한 생생하게 말하라

고객이 얻게 되는 것을 구체적으로 담아라

고객의 마음을 헤아리는 말로 정확하게 설명하라

진심이 전해지면 고객은 알아서 산다

멘트기술 1
멘트만 살짝 바꿔도
실적이 배가 된다

자신감의 효과

영업을 하면서 가장 많이 느끼는 것은 '내가 왜 그렇게 말했지? 이렇게 말했으면 계약했을 텐데!' 하는 후회다. 어떻게 말을 해야 고객은 나와 계약을 할까? 어떤 멘트를 해야 고객은 내게 마음을 열까?

미국 로욜라 대학교의 에드윈 그로스(E. J. Gross)는 시카고 시민에게 마케팅 조사라는 명목으로 볼펜과 연필을 보여 주며 "이 제품들을 얼마나 좋아합니까?"라고 질문했다. 그러자 36.1%가 좋아한다고 대답했다. 그는 다시 똑같은 제품을 보여주며 "이 제품들을 얼마나 싫어합니까?"라고 질문했다. 그러자 좋아한다는 대답이 15.6%로 감소했다고 한다.

사람들의 심리는 긍정적인 질문을 하느냐, 부정적인 질문을 하느냐에 따라 생각과 행동이 완전히 차이가 난다. 긍정으로 물어보면 긍정으로 대답하고 부정으로 물어보면 부정으로 대답을 하는 것이다. 즉 영업을 할 때 고객에게 어떻게 질문하느냐에 따라 고객의 반응은 긍정이 되느냐, 부정이 되느냐가 결정된다.

영업사원들이 많이 실수하는 것은 본인의 경험과 환경의 잣대로 생각해서 판단하고 고객에게 설명하는 경우다. 100억을 갖고 있는 고객에게 1억짜리 상품을 설명할 때, 내가 생각하는 1억과 고객이 생각하는 1억은 차이가 많다. 누구의 입장에서 설명할 것인가? 누구에게 팔 것인가? 이러한 생각이 나의 멘트를 좌우한다.

항상 상품을 팔 때에는 고객의 입장에서 설명을 하는 것이 정답이다. 책을 쓸 때도 마찬가지다. 작가의 입장에서 쓰는 것이 아니라 독자의 입장에서 술술 읽히게 쓰는 것이 잘 쓰인 책인 것처럼 영업사원은 고객의 입장에서 상품을 설명해야 계약으로 이어지는 지름길이 된다.

지하철에서는 주로 천 원짜리 물건을 팔았다. 천 원은 내 입장에서 있어도 그만 없어도 그만한 돈이었다. 물론 다른 사람에게는 한 끼의 식사를 해결 할 수 있는 돈일 수도 있고 다른 나라에서는 한 달의 물 값으로 쓸 수도 있는 돈이다. 돈은 누구에게 대입시키느냐에 따라 가치가 달라진다.

천 원짜리 건전지를 팔았을 때 나는 자신 있게 말했다. 그 당시 AA건전지(손가락 크기의 일반 건전지) 가격이 두 개에 1,500원 정도 할 때였다.

내가 판매하는 건전지는 12개 한 세트 건전지를 단돈 1,000원에 팔고 있었다. 남녀노소 누구에게 할 것 없이 편하게 말했고 안 사면 후회할 것처럼 강력하게 설명했다. 그런데 1만 원짜리 상품을 팔 때는 조금 위축이 돼 있었다. 이 비싼 것을 지하철에서 과연 살까? 지하철은 서민들이 타는 '서민철'인데 거금 만 원을 쓰는 것은 어려울 거야! 안 사면 어떡하지? 불안한 마음으로 상품을 설명했더니 역시나 고객의 반응은 시원찮았다.

말의 전달이라는 것이 내가 어떻게 마음을 먹느냐에 따라 상대방에게 전해지는 느낌이 달라진다. 자신 있게 마음먹으면 당당하고 강력하게 말을 하는데, 자신이 없으면 말끝을 흐리고 얼버무리게 된다.

자신 있는 멘트와 자신 없는 멘트는 똑 같은 말이라도 상대방이 느끼는 감정의 전달이 확연히 차이난다. 고객과의 대화에서 가장 먼저 갖춰야 할 것은 영업사원의 마인드가 얼마나 강력하고 자신 있는가이다. 자신감 있는 말투를 듣는 고객은 더 큰 신뢰를 갖게 되고 결정을 빠르게 내리게 된다. 그래서 중요한 것이 바로 긍정멘트다.

상품을 홍보하거나 판매를 할 때 비싸다는 표현은 가능한 쓰면 안 된다. 즉, 고객이 비싸다고 말하면 이 말은 '비싸지 않다'라고 말하는 것이 아니라 '싸게 느껴지지 않을 수도 있다'라든가, '싸지는 않지만 다른 사람들은 싸다고 말하는 사람도 있다'라고 말하는 것이 고객의 긍정반응을 일으키는 데 큰 영향을 끼친다.

앞장에서 리조트 분양을 할 때의 고객 이야기를 조금 더 해보자.

"타사상품에 비해서 비슷한 평형인데 가격 차이가 많이 난다. 왜 그렇죠?"

이런 질문은 받았을 때 절대로 타사상품을 비난하거나 헐뜯어서는 안 된다. 왜 가격차이가 나는지를 정확하게 이해시키는 것이 중요하기 때문이다.

고객이 위와 같은 질문을 하면 다음과 같이 정확한 사실을 근거로 설명해야 한다.

"고객님이 검토하신 상품이 타사상품과 평수도 같고 별다른 차이가 없다고 생각 하실 수 있습니다. 그런데 리조트라는 상품은 유형의 상품일 수도 있지만 무형의 서비스와 그 상품만의 상징성이라는 것이 함께 있습니다.

예전 초창기 리조트 문화는 단순히 잠만 자고 객실에서 고기 구워 먹고 술 마시는 정도였다면 지금의 리조트는 그런 문화가 아닌 여유를 즐기고 나만의 힐링을 즐기는 장소입니다. 그러기 위해서는 단순 숙박시설이 아니라 보이지 않는 고객을 위한 세심한 서비스와 부대시설이 얼마나 잘 갖춰져 있느냐가 관건입니다.

보통 부대시설을 잘 갖추기 위해서는 기본적으로 객실 수가 400객실 정도 있어야 부대시설이 잘 운영되고 고객들도 만족할 만한 시설들이 갖춰지게 됩니다. 저희 리조트는 대부분 직영체인점이 400객실 이상의 시설로 부대시설이 잘 갖춰져 있고, 무엇보다 남녀노소 누구나 즐길 수 있는 가족형 부대시설을 많이 갖추고 있습니다.

부모님을 모시고 가거나 자녀와 여행을 가도 리조트 내에서 충분히 시간을 즐길 수도 있고, 또한 저희 리조트가 자리 잡고 있는 곳은 지역마다 가장 멋진 장소와 주변 관광지가 많은 곳에 위치해 있기 때문에 많은 것을 보고 느끼고 즐길 수 있습니다. 단순히 숙박시설 하나만 딸랑 있는 리조트가 아닌 고객의 편의를 모두 갖춘 명품리조트이기 때문에 많은 분들이 선택을 하는 것이고, 그렇기 때문에 오랫동안 업계 1위를 차지할 수 있는 이유가 있었던 것입니다."

이렇게 말하면 고객은 타사와의 가격 차이를 이해하게 되고 내가 왜 이 상품을 구매해야 하는지 머릿속에 은근히 자리를 잡게 된다. 그리고 결정적으로 한마디를 더한다.

"어차피 분양받으시려고 오셨으니 오늘 계약하시고 다른 걱정을 모두 잊으세요. 그리고 가족과 행복한 여행을 준비하세요!"

이렇게 고객의 고민을 해결해주고 가족과 행복한 여행을 상상하게 하는 말을 하면 고객은 이미 가격 차이가 아닌, 살까말까 고민했던 생각이 가족과의 행복한 여행으로 옮겨지게 된다.

고객이 생각했을 때 겉으로 보이는 것은 크게 차이가 없어 보이는데 가격 차이가 많이 나면 의문이 생기기 마련이다. 이럴 때 고객의 말에 반박을 하거나 설득을 하려고 하면 고객은 오히려 더 도망간다. 고객을 이해시키는 것이 가장 중요하다. 고객에게 긍정의 설명을 하고 행복한 상상을 주면 고객은 기분 좋게 계약을 하게 된다.

이처럼 영업사원의 멘트는 중요하다. 내가 뱉은 멘트가 긍정적이냐, 부정적이냐에 따라 고객의 반응은 달라지고, 확신의 멘트를 하느냐, 확신 없이 말 하느냐에 따라 성과는 크게 차이가 난다. 확신에 찬 긍정적인 멘트로 고객을 이해시키고 행동하게 만드는 것이 판매왕의 영업기술이다.

멘트기술 2

고객이 듣고 싶은
말은 따로 있다

경청, 핵심, 공감

고객은 어떤 말을 듣고 싶어 할까?

어느 날 연인을 만났는데 온종일 자기 회사이야기만 하고, 상사를 흉 본다거나 네일아트나 스포츠 이야기만 하면서 친구 유학소식으로 가득 채운다면 어떨까? 아마 두 사람의 공통 관심사가 아닌 이야기를 하면 서 하루를 보내고 있다면 짜증과 울분이 터질 것이다.

둘만의 사랑이나 여행 같은 공통 관심사를 이야기하고 싶은데 내가 생각하기에 쓸데없는 이야기를 하고 있다면 아무리 사랑하는 사이라 도 오래 견디지를 못할 것이다. 그런데 고객과의 대화에서도 상품과는 관계없는 일상 이야기를 하고 취미가 어쩌느니 쓸데없는 말을 풀어놓 는 영업사원들이 많다. 모두가 영업을 잘 못 배우고 진화하지 않은 방식이다.

예전 영업 관련 책이나 선배들은 고객과 친분을 쌓아야 하니 일상 대화를 해서 서로 친밀감을 만든 후에 본격적으로 상품을 이야기해야 한다고 했다. 지금은 어떤 시대인가. 스피드 시대이고 정확한 핵심과 결론을 요구하는 시대다. 잡다한 일상 이야기는 고객이 이미 내 사람이 된 이후에 사적인 대화를 나눌 때나 통하는 말들이지 비즈니스를 위해 처음 만났을 때는 불필요한 것들이다.

내가 만나는 고객들은 대부분 회사의 대표나 담당직원 그리고 바쁜 사람들이다. 그들은 시간을 굉장히 소중히 생각하는 사람들이다. 그래서 고객을 만날 때 제일 먼저 고객 분석을 하고 간다. 고객 분석은 특별한 것이 없다. 전화로 통화했다면 말투나 억양 등을 보면 되고 전자 우편이나 문자로 연락이 왔다면 글속에 담긴 성향을 분석하면 어떤 사람인지 조금은 알아 챌 수 있다. 또한 기업체라면 기업분석을 통해서 종업원이 몇 명이고 어떤 일을 하는 회사인지 정확히 파악해서 미팅을 준비하면 된다.

신입 영업사원 시절에 이런 일이 있었다. 선배 영업사원이 조언을 해주었다.

"고객을 일단 네 사람으로 만들고 슬슬 상품이야기를 해서 계약을 유도해!"

나는 선배의 조언을 가슴깊이 새기고 첫 고객 상담을 했다.

"안녕하세요? 김성기 대리입니다. 오늘 날씨가 참으로 좋습니다. 오다보니 곳곳에 코스모스도 피어 있고 나들이 가기에 정말 좋은 날이네요. 사장님은 나들이 안 가시나요? 주말에 가족과 나들이 가면 좋겠네요! 하하하!"

이런 나를 사장님은 빤히 지켜보기만 하고 답변이 거의 없었다. 그러면서 얼굴은 조금씩 굳어지는 듯한 느낌이 들었다. 엇, 내가 무슨 실수라도 했나? 그래서 다시 친밀감을 유도하기 위해 "지난번에 제주도를 다녀왔는데 산해진미가 다 있어서 얼마나 좋던지……." 갑자기 고객은 내 말을 끊고 단호하게 "그런 건 관심이 없고 상품 이야기나 해봐요!" 하고 말했다. 순간 얼굴이 빨개졌고 말까지 떨리기 시작했다. 그리고 어떻게 설명을 하고 나왔는지 모르게 후다닥 나오게 됐고 결국 계약도 하지 못했다. 그때 무엇이 잘못됐을까?

선배들이 시키는 대로 했는데 오히려 더 꼬이기만 했던 것이다. 고객의 말을 다시 되씹어봤다. '그런 건 관심이 없다!', '상품 이야기나 해라!' 고객은 핵심을 원했고 그렇게 내 이야기를 들어줄 만큼 한가하지가 않았다. 그리고 나의 허술한 모습이 전문성도 떨어지고 신뢰가 가지 않았던 것이다. 그 후 많은 생각을 하고 고민을 해서 나만의 전문성과 신뢰를 얻는 대화법을 공부하기 시작했다.

그 결과 내가 터득한 대화법은 이것이다. 고객의 말부터 경청하라, 핵심만 말해라, 공감해라.

이 세 가지 나만의 방법을 만들고 실전에 응용하기로 했더니 계약확률이 몇 배 오르는 성과를 얻었다.

첫째, 고객의 말부터 경청하라.

고객은 원하는 상품이 있고 그 상품에 궁금증을 갖고 있다. 우선 고객이 알고 싶은 것이 무엇인지 먼저 듣고 설명하는 것이 서로의 시간을 아껴주는 방법이다. 고객을 만나면 제일 먼저 질문을 한다.

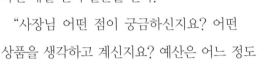

"사장님 어떤 점이 궁금하신지요? 어떤 상품을 생각하고 계신지요? 예산은 어느 정도 생각하고 계신지요? 어떻게 활용을 하실 건지요? 직원을 위해서 쓰실 건가요? 가족을 위해서 쓰실 건가요?"등등 고객에 맞는 질문을 2~3가지 먼저 물어보고 고객의 대답을 경청한다.

어떤 심리 상담이라든가 컨설팅을 받을 때 설문지를 작성하게 된다. 보통 설문지에는 알고 싶은 것이 무엇인가, 무엇을 원하는가, 하고 싶은 말이 있는가? 등등 몇 가지 질문을 하고 그것을 토대로 상담을 하게된다. 영업도 마찬가지로 고객의 말을 듣고 원하는 답이 무엇인지 생각해서 정확한 답변을 해주는 것이 가장 효율적인 방법이다.

둘째, 핵심만 말해라.

고객이 원하는 것은 핵심이다. 둘러서 이야기하는 것을 좋아하지 않는다. 타사상품과 비교할 때도 고객이 알고 싶은 것만 정확히 말해주어야지 쓸데없이 내가 아는 모든 정보를 들려주게 되면 고객은 오히려 혼돈에 빠지게 된다. 정확히 궁금한 사항을 말해주고 전문성을 보여주는 것이 나를 신뢰하게 만든다.

셋째, 공감해라.

고객의 이야기를 들을 때 영업사원의 태도는 정말 중요하다. 고객의 말을 들을 때 몇 가지 염두에 두고 듣는 방법이 있다. 우선 고객이 말을 할 때는 고객의 미간이나 인중을 보면서 시선을 고객에게 향한다. 그리고 고객의 말을 복창하면서 되새긴다. 거기에 고개를 끄덕이며 고객의 말을 이해한다. 이렇게 하면 고객은 없던 말도 편하게 더 많이 말을 하고 여러 가지 문제들(정보)을 이야기 해준다. 이것이 바로 고객과 공감해서 마음을 얻는 방법이다.

아무리 상품에 대해서 많이 알고, 많은 사람들을 만나서 상담을 했더라도 내 앞에 있는 고객은 기존에 만났던 사람과 다른 새로운 고객이다. 생각도 다르고 환경도 다르기 때문에 내 작은 깜냥으로 짐작해서 말을 이어나가면 안 된다. 제일 중요한 것은 고객이 듣고 싶은 말을 하는 것이고 그 말을 하려면 고객의 말을 먼저 잘 듣는 것이 중요하다.

필요한 것 도움주기

PC방에 음료자판기를 팔 때였다. PC방 인테리어를 한창 하고 있는 곳이었고 부부가 함께 운영을 하려고 야심차게 준비하고 있었다. 그런데 젊은 부부라 이런 일을 처음 하는 것 같았고 사업을 정확히 잘 모르는 분위기였다. 그래서 자판기를 설명하면서 다른 부가적인 말들을 많이 해줬다. 처음엔 아는 분이 있어서 그분에게 자판기 업자를 소개받기로 했다면서 보내려고 했는데, 내가 누군가, 자판기 판매왕 아닌가? 딱 5분만 시간 내달라고 했다. 그리고 부부에겐 자판기 이야기를 하지 않고 주위 상권을 말하기 시작했다.

주위 상권은 내가 구석구석 돌아다니며 영업을 한 곳이기 때문에 아침부터 저녁까지 어떻게 돌아가는지 잘 알고 있었다. 주위에 학교가 몇 개가 있는지, 아이들이 언제 하교하는지, 주위에 직장인들이 얼마나 있고 하루에 유동인구가 얼마나 되는지 등 정보를 소상하게 들려주었다. 부부는 내 말에 관심을 쏟고는 많은 질문을 시작했다. 처음 사업을 시작하는 거라 많은 두려움을 갖고 있었고 원래 PC방 자리가 아니라서 인지도도 없는 곳이라고 했다. 그래서 직접 컨설팅을 해주기로 했다.

영업을 하다보면 가끔 컨설팅을 해주는 경우가 있다. 아무래도 주위를 잘 아는 영업사원이 도움이 되는 경우가 많기 때문이다.

우선 중, 고등학생을 위한 전략과 직장인들에 대한 전략, 그리고 일반인들에 대한 전략을 세분화해서 공략해야 한다고 했다. 그리고 유동인구가 아침, 점심, 저녁이 다르니 그때마다 한 가지의 배너가 아닌 세 가지의 배너를 준비해서 시간에 맞게 홍보하는 것이 좋다고 이야기해주었고, 제일 중요한 자판기 이야기도 빠뜨리지 않았다.

기본적으로 PC방에 오는 손님, 두 명 중 한명은 음료수를 마시고 셋에 둘은 커피를 마시기 때문에 하루에 몇 명의 손님이 오면 자판기매출이 최하 얼마 정도가 되니 자판기운영을 이런 방식으로 하면 이윤도 잘 나올 것이고 정수기라든가, 각종 간식들도 아는 업체가 있으니 소개시켜주겠다고 했다. 그 부부는 다른 사람을 소개받는 대신 내게 자판기 계약을 하게 됐다.

영업사원이 상품을 팔 때는 고객을 잘 파악해서 고객의 고민이 무엇인지 빨리 알아내는 것이 중요하다. 고객이 필요 없으니 나가라고 한다고 바로 나오는 영업사원은 매일 거절만 먹고 마인드만 떨어지게 된다. 그럴 때는 내가 판매하는 상품이 아닌 고객에게 더 필요한 정보를 주는 것이 고객과의 거리를 좁히고 나와의 신뢰를 쌓을 수 있는 좋은 기회가 된다.

수많은 사람을 만나면서 상담을 하고 상품을 팔면서 느끼는 것은 고객은 듣고 싶은 말만 듣고 듣기 싫은 말은 듣지 않는다는 점이다. 우리도 마찬가지다. 고객이 원하는 말을 해주는 것이 핵심이고 그 핵심은 고객의 말 속에 있다. 고객이 듣고 싶은 말은 따로 있다. 이것만 제대로 파악하면 영업은 어렵지 않다.

멘트기술 3
성과는 말투에서
시작된다

말투의 품격

말투란? 말을 하는 버릇이나 모습(모양) 즉, 그 사람의 습관이나 성격을 짐작할 수 있는 판단의 기준이 되기도 한다. 급한 말투, 더듬는 말투, 느린 말투, 꼼꼼한 말투 등으로 성격을 예측할 수 있다. 또한 말투는 시간과 장소에 따라 달리 사용되기도 한다. 친한 사람들 사이에서의 말투, 웃어른과 아랫사람으로서의 말투, 연설장에서 강사로서의 말투 등 목적과 상황에 따른 말투를 적절히 사용해야 한다.

말투는 한 측면에 국한되는 것이 아니라 그 사람의 전체적인 습관이나 성격 등 모든 것을 말하는, 그 사람의 인격과도 같다. 아무리 잘생기고 목소리가 좋아도 말투가 저속하면 그 사람의 이미지는 그냥 바닥으로 추락하게 된다. 정우성이나 장동건 같이 멋있는 배우의 말투가 저속하면 인격도 저속하게 다가올 수밖에 없다. 말투는 나를 보여주는 첫인상과 같은 것이다.

나는 어릴 때부터 목소리가 좋다는 소리를 많이 들었다. 물론 녹음을 해서 직접 들으면 정말 어색하고 별로인 것 같은데 나를 만난 대부분의 사람들이 목소리가 좋다는 칭찬을 해준다.

중학교 시절에 폰팅이라는 것이 유행했었다. 초등학교 졸업앨범을 보고 집으로 전화를 걸어서 통화를 하는 방법이었다. 나도 폰팅을 하려고 무작정 졸업앨범을 보면서 전화를 걸어본 적이 있다. 그 전에 나는 세 살 많은 형한테 전화예절을 배웠다. 형은 항상 '전화를 걸 때는 누구라고 밝히고 이야기를 시작해야 한다'고 강조했다. 친구들한테 전화가 왔을 때 본인 소개를 안 하고 무작정 나를 바꿔달라고 하면 친구들은 형한테 혼나기도 했다. 덕분에 그때부터 전화예절을 잘 배웠던 것 같다.

전화를 걸면 대부분 어른들이 받게 되어 있다. 그럴 때 어떻게 말하느냐에 따라 내가 원하는 상대를 바꿔주느냐 바꿔주지 않느냐가 달라진다. 우선 전화를 걸고 어른이 받으면 정확히 내 소개를 한다. "누구 친구 김성기라고 합니다. 지금 통화할 수 있나요?"라고 말하면 상대방 어른들은 다른 건 잘 물어보지 않고 항상 잘 바꿔줬던 것 같다. 그리고 언젠가 친구 집에 전화를 했는데 누나가 전화를 받고서는 친구한테 내 목소리가 좋다고 한번 데려오라고 한 적도 있었다. 단순히 목소리가 좋다고 이런 반응이 오는 것이 아니라 상대방에 대한 충분한 예의와 억양, 차분함, 그리고 말투가 나의 목소리를 더 빛나게 만든 것이다.

지하철에서 노점상을 할 때도 역시 목소리의 덕을 많이 봤다. 지하철 객차 내의 소란스런 곳에서 목소리를 들려주려면 강하면서도 울림이 있는 목소리를 내야 했다. 그래서 그때는 배에 힘을 빡 주고 인사를 했다. 순간 사람들은 조용해지면서 나에게 주목을 했다. 물론 잡상인으로 인식하면 1초도 안 되어 나에 대한 집중은 사라진다. 그렇지만 서두르지 않고 또박또박 알아들을 수 있게 차분히 설명을 하면 사람들은 시선을 주었고 내가 판매하는 물건에 관심을 주기 시작한다.

온종일 평소 목소리보다 크게 몇 시간을 떠들어야 했기에 목관리가 굉장히 중요했다. 항상 좋은 음식을 먹으려고 했고 따뜻한 차를 많이 마시면서 다음날을 위한 내 목을 소중히 했다. 물론 담배는 입에 대지도 않는다.

지하철에서 물건을 팔 때 가장 중요한 것은 목소리의 전달력이다. 객차 내에 얼마만큼의 승객이 타고 있는지, 얼마나 시끄러운지, 어떤 부류의 승객이 타고 있는지를 정확히 한눈에 파악해서 바로 상품설명을 해야 한다. 이러한 것을 고려하지 않고 매일 똑같은 톤으로 똑같은 크기로 하면 승객들을 사로잡을 수 없다. 목소리가 들리지 않을 수도 있고 너무 크게 들릴 수도 있다. 그 공간에서 내가 얼마만큼의 크기로 해야 하는지 잘 가늠해서 말하는 것이 가장 중요하다. 그때의 경험으로 지금도 사람들 앞에서 이야기를 할 때 작지도 않고 크지도 않게, 적절하고 호소력 있게 말할 수 있는 능력을 갖추게 되었다. 이렇게 목소리에 담긴 말투 하나하나가 그날의 매출을 좌지우지 했고 사람들 기억 속에 나를 각인시키는 결과를 가져왔다.

또박또박 쏙쏙

앞서 말했듯이 말투에는 인격이 있다. 또한 그 사람의 모든 것이 담겨 있다. 그렇다고 목소리가 좋다고 모든 사람이 호감을 갖는 것은 아니다.

얼마 전 '예쁜 글씨쓰기' 교본으로 글씨 교정을 한 적이 있다. 첫 페이지는 자음과 모음을 쓰는 연습을 했다. 네모난 공간에 자음과 모음을 적절히 배치하고 균형을 맞추고 띄어쓰기를 잘하면 글씨 하나하나가 예쁘지는 않지만 전체적으로 봤을 때는 균형이 맞아 보기 좋았다. 띄어쓰기가 잘 되어 있으면 사람들이 읽었을 때 편안하게 읽을 수 있는 글씨가 된다. 나는 글씨를 너무 빨리 쓰는 습관이 있고 그러다 보니 띄어쓰기가 정확히 이뤄지지 않아서 글씨를 못쓰는 것처럼 보였다. 그런데 간단한 규칙을 넣어서 써 보니 내 글씨가 편안하고 예뻐 보이기도 했다.

우리의 말투도 마찬가지다. 내가 지금껏 해왔던 말투를 고수하는 것이 아니라 억양과 성량, 그리고 말의 쉼표를 잘 활용하면 목소리가 조금 평범하더라도 사람들이 듣기 좋고 편한 말투가 된다.

고객과 전화 상담을 할 때는 고객이 물어보는 질문에 성급하지 않고 천천히 또박또박 설명하고, 중요한 것은 한 번 더 강조하듯이 천천히 상기시켜주면서 상담을 이어나가는 것이 좋다. 또한 고객의 질문이 떨어지면 상품에 필요한 정보를 무작정 알려주는 것이 아니라 고객에게 천천히 질문을 하는 것이 좋다. "이러한 좋은 점이 있는데 설명을 좀 드릴까요?" 하면 적극적으로 알려달라고 하고 더 신중히 듣게 된다.

고객과의 전화상담은 절대로 서두르면 안 되고 또한 일방적인 정보전달만을 해서는 안 된다. 간혹 통신판매 하는 분들의 전화를 받아보면 내 말은 전혀 듣지 않고 상품 시나리오를 무조건 일방적으로 읽는 사람들이 있다. 중간에 말을 시켜도 일단 읽어나간다. 그러면 나도 '죄송하지만 끊겠습니다' 하고 끊어버린다. 일방적으로 시간만 때우려는 텔레마케터를 보면 너무 당혹스러울 때가 많다.

고객과 전화상담을 마무리 할 때 쯤 이런 이야기를 자주 듣는다. "설명을 너무 잘 해주셔서 도움이 많이 됐습니다. 귀에 쏙쏙 들어오네요. 내일 방문해서 계약하시죠!" 가장 듣기 좋은 말이다.

고객과의 대화에서는 말투가 제일 중요하다. 앞에서도 말했듯이 목소리가 좋다고 말투가 좋은 것이 아니라 말의 강약과 천천히 쉬어가며 말하는 것이 상대방의 귀에 정확히 전달되는, 마치 또박또박 손으로 쓴 편지처럼 잘 들리게 된다.

가끔 여러 곳에서 영업 강연을 할 때가 있다. 혼자 초청될 때도 있고 여러 명이 초청 될 때도 있다. 강연하는 사람들의 강연을 들어보면 강연을 잘하는 사람인지 못하는 사람인지, 프로인지 아마추어인지 정확히 구분이 된다. 물론 전체적인 모든 것을 평가하겠지만 첫 인사말에서 프로와 아마추어는 딱 구분이 된다.

인사말에 강연자의 말투가 고스란히 담겨져 있기 때문에 몇 마디만 하면 청중들은 금방 눈치를 챈다. 그리고 말투가 꼭 서울말이나 표준어라고 다 좋은 것은 아니다. 사투리가 오히려 더 매력적이고 호소력이 짙은 경우도 많다.

우리나라에서 알아주는 명 강연가로는 김창옥 교수와 김미경 원장이 있다. 김창옥 교수는 제주도 출신이지만 어머니 고향인 전라도 사투리를 구성지게 하면서 청중을 휘어잡는 분이고, 김미경 원장은 충청도 사투리로 맛 들어지게 청중을 들었다 놨다, 울리고 웃게 만드는 엄청난 힘을 갖고 있다. 이 두 분의 공통점은 말투가 정확하고 한마디 한마디에 시간을 두고 말한다. 무조건 '따발총'처럼 떠드는 것이 아니라 청중이 생각할 수 있는 시간을 주고 최대한 공감을 일으키면서 이야기를 풀어나가는 기술이 정말 뛰어나다.

강연은 혼자 하는 것이 아니다. 청중과 호흡하면서 서로의 마음을 소통하는 공감기술이 가장 잘 드러나는 작업이다.

영업도 마찬가지로 고객과 호흡하면서 내가 전달하고자 하는 것을 정확히 전달하고 고객 또한 알고 싶은 것을 정확히 알아가는 과정이다. 서로 주고받는 소통을 잘 해냈을 때 좋은 성과로 이어진다. 이러한 소통의 바닥에 바로 말투가 있는 것이고 그 말투가 성과를 좌지우지한다.

멘트기술 4
최대한 쉽게 말하라

고객낮춤법?

쉽게 말한다는 것은 무엇일까? 그것도 최대한 말이다!

어떤 수학공식을 활용하여 문제를 풀 때 단순히 공식을 외워서 풀었다고 가정해보자. 정답을 맞혔지만, 그 원리를 설명해 보라고 하면 공식이 이렇게 되어 있으니 공식에 대입해서 문제를 풀었다라고 말할 것이다. 그럼 그 공식은 어떻게 설명할 것인가? 공식까지 설명할 수 있다면 그 학생은 수학의 천재라고 할 수 있다.

어떠한 문제를 쉽게 설명할 수 있다는 것은 그 문제의 원리와 방식을 모두 꿰뚫고 있다는 뜻이다. 쉽게 설명하지 못하고 단순히 공식만 운운한다면 문제를 정확히 모른다는 것을 의미한다. 최대한 쉽게 말하려면 내가 그 분야를 정확히 알고 있어야만 가능하지 잘 모르면 쉽게 설명할 수 없다.

영업은 바로 이런 부분에서 고객에게 오류를 범하는 경우가 많다. 영업사원은 매일 전문용어를 같은 직원들끼리 이야기하고 익히기 때문에 당연한 단어들이라고 생각하지만 실상 고객들은 전혀 알 수 없는 용어들이 굉장히 많다.

그런데 종종 고객들은 마치 아는 것처럼 고개를 끄덕이기도 한다. 괜히 모른다고 하면 우습게 볼까봐 숨기는 경우도 있다. 가끔 영어를 섞어서 쓰는 영업사원들도 꽤 있는데 본인은 마치 고학력자 배운 사람인 것처럼 으스대면서 설명을 하는 경우도 많이 봤다. 이것은 정말 어리석고 하수들이 하는 영업 방법이다. 그런 설명을 들은 고객은 그냥 고개만 끄덕이다가 돌아간다.

어떤 영업사원이 이렇게 설명을 했다.

"리조트는 오너십과 멤버십이 있는데 보통 저희 리조트는 1/12구좌제로 연간 30박을 사용하며 스위트형과 패밀리형 그리고 고급리조트인 노블리안형이 있습니다."

리조트 영업을 할 당시 고객에게 대부분 이렇게 설명을 했다. 도대체 무슨 말인가? 물론 기존에 리조트를 보유하고 있거나 관심이 많은 사람은 알아들을 수 있겠지만 대부분의 사람들은 잘 알아듣지 못한다. 나 역시 오너십, 멤버십이라는 말은 영업을 하면서 알게 된 단어들이다. 또한 오너십을 공유제, 멤버십을 회원제라고 풀어서 이야기하는 사람들도 있지만 이것 또한 무슨 말인지 모르게 단지 단어풀이만 해준 격이다. 그럼 고객들은 또 다시 물어본다. 공유제가 뭐고 회원제가 뭐지? 서로 바쁜 시간에 단어설명을 하면서 어렵게 상담을 이어나가는 사람들이 많다.

고객과의 대화에서는 마치 어린아이에게 설명하듯이 천천히 아주 쉽게 처음부터 설명을 해주어야 한다. 위의 내용을 풀어서 이야기해보자.

"리조트는 회원님이 아파트를 직접 사서 평생 소유하는 개념과 일정한 기간을 갖는 전세 개념으로 분양받는 방법이 있습니다. 보통 방 하나를 12명이 나눠서 사는 것을 12구좌제라고 하고, 1년 365일을 12명이 나눠쓰다보니 연평균 30일을 사용할 수 있고, 평형에 따라 방 두 개 거실 한 개짜리가 스위트형, 방 하나 거실 하나가 패밀리형, 그리고 40평 이상의 고급리조트를 노블리안형이라고 합니다."

이렇게 풀어서 이야기를 하면 처음보다 훨씬 쉽게 이해될 뿐 아니라 시간도 오히려 절약이 되고 또한 고객은 나를 더욱 신뢰하게 된다. 어려운 말을 굳이 처음부터 사용해서 혼란을 줄 것이 아니라 처음부터 누구나 아는 단어를 써서 설명하는 것이 최고의 영업이 된다.

아는 만큼 설명이 쉽다

프로 영업사원들은 자신이 파는 상품에 대해서 철저히 연구하고 또한 타사의 상품도 철저히 분석해서 장단점을 바로바로 이야기할 수 있을 만큼 공부를 많이 한다. 단지 내 상품만을 알고 있다면 타사상품을 무조건 나쁘다고만 몰아가게 되고 고객의 물음에 답변을 정확히 못하는 경우가 있다. 그런데 안타까운 현실은 대부분의 실적이 나쁜 영업사원들은 자신이 파는 상품조차 잘 모르는 경우가 많다는 것이다.

그냥 회사에서 나눠주는 매뉴얼이나 상품안내문에 나와 있는 내용만 겨우 숙지를 해서 고객과 상담을 하는데 어떤 고객이 그런 어설픈 영업사원에게 넘어가겠는가?

내가 대명리조트에서 근무할 때는 가장 경쟁사인 한화리조트와 비교가 많이 됐지만 한 번도 한화리조트에게 고객을 뺏긴 적이 없고, 한화리조트로 이적하여 대명리조트와 비교가 됐을 때 한 번도 대명리조트에게 내 고객을 뺏긴 적이 없다. 그것은 내 상품과 경쟁사의 상품을 정확히 알고 있었고, 그러한 지식을 고객에게 정확히 아주 쉽게 장단점을 이야기해 줄 수 있었기 때문에 가능한 일이었다.

내가 팀장으로 있을 때도 팀원들에게 경쟁사 공부를 그렇게 하라고 강조를 해도 잘 안 하는 팀원들이 있었는데 그 팀원은 역시나 실적이 하위에 머물 수밖에 없었다.

리버마켓에서 황태를 팔고 있을 때 어린아이들이 간판에 매달아 놓은 황태를 보면서 신기해했다. 그리고 시식으로 내놓은 황태를 먹으면서 맛있다고 계속 먹고 있었다. 그러던 중 어떤 아이가 황태가 뭐냐고 질문을 했다. 어른들이 물어보면 대충대충 말해줄 수 있지만 아이들에게 황태를 설명하려니 너무 어려웠다. 그때 황태를 이렇게 설명해 주었다.

"황태라는 것은, 동해바다에 사는 명태라는 생선이 있는데, 명태를 잡아서 냉장고에 넣어서 꽁꽁 얼려 놓는 거야. 꽁꽁 언 명태를 동태라고 하지. 그리고 12월 가장 추운 날 빨래 널듯이 나무막대에 매달아 두는 거야. 그렇게 3~4개월 동안 차가운 바람과 혹독한 겨울기온으로 동태가 얼었다가 녹았다 하면서 맛있게 마르면 황태가 되는 거란다."

물론 최대한 쉽게 설명한다고 아이들에게 설명했는데 몇몇 아이들은 그냥 시식용 황태만 주야장천 먹기만 했다. 어른들의 언어가 있고 아이들의 언어가 있기에 어떤 것을 설명할 때 상대방이 누구인지 정확하게 파악하는 것이 기본이다. 그들의 언어를 구사해서 이해하기 쉽게 설명해야 한다.

내가 아는 것과 설명하는 것은 엄연히 다르다. 최대한 쉽게 말해 고객과 공감이 형성되게 해야 시너지 효과를 더욱 낼 수 있다.

강의와 강연은 또 확연히 다르다. 강의는 일방적으로 나의 지식을 상대에게 알려주는 것이고 강연은 나의 이야기를 청중과 소통하면서 서로 공감하는 것이다.

영업도 강의처럼 하는 것이 아니라 강연처럼 고객과 소통하면서 서로 공감하고 이해하면서 해야 최대한 고객이 쉽게 알아들을 수 있게 된다. 그래야 진정한 영업이 되는 것이다.

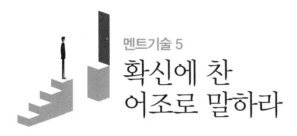

확신에 찬
어조로 말하라

이미 이루어진 것처럼

영업사원들은 하루에도 수많은 사람을 만나고 통화를 한다. 사람들을 만나서 나의 이야기, 상품 이야기, 세상사는 이야기 등 숱한 주제로 이야기를 하게 되는데 그 속에서 내가 확신을 갖고 이야기하는 것이 얼마나 될까? 확신은 그냥 생기는 것이 아니다. 나 자신에 대한 믿음과 자신이 없으면 그 누구에게도 줄 수 없다.

《확신의 힘》에서 웨인 다이어는 '확신의 힘을 키우는 5단계 기술'을 이렇게 말했다.

첫째, 이미 이루어진 것처럼 상상하라

둘째, 이미 이루어진 것처럼 살아라

셋째, 이미 이루어진 것처럼 느껴라

넷째, 원하는 것에만 집중해라

다섯째, 잠재의식 속으로 들어가라

확신의 힘을 키우는 5단계 기술을 보면 영업사원들이 반드시 갖춰야할 핵심기술이 모두 들어 있다. 고객과의 상담에서 계약이 완료되어 실적이 올라가고, 목표한 성과를 조기달성하고 성공하는 내 모습을 확신한다면 계약은 아주 쉽게 내 안에 있게 된다.

내가 영업을 할 때 가장 많이 쓰는 자기 암시가 바로 확신이다. 수천에서 수십억의 계약을 함에 있어서도 항상 고객을 만나기 전에 다짐을한다. '오늘 단 한 번의 만남으로 계약까지 마무리한다. 나 김성기를 만나면 무조건 계약한다. 이것은 법칙이다. 됐다!' 목적지까지 가는 내내수없이 되뇐다. 그렇게 다짐을 하고 고객을 만나면 전혀 두렵거나 떨리거나 의심이 가지 않는다.

고객은 나와 계약 할 것이 당연하기 때문에 편안하게 대화를 이끌 수있다. 이러한 확신의 다짐 때문에 한번 만남으로 계약을 성사시키는 확률이 90%를 넘었다.

어느 날 저녁에 전화가 왔다. 리조트 분양에 관련된 자료를 보내달라며 주소를 알려주었다. 주소를 받아 적고 무수히 많은 생각을 했다. 얼마 전, 자료를 보내준 사이에 다른 영업사원이 계약을 해버린 경우가있었다. 단 하루의 차이로. 단 하루 사이에 내 계약이 다른 사람의 손으로 넘어간 것이다.

자료를 열심히 만들어서 고객이 알려준 주소를 확인하니 가까운 압구정동에 있는 성형외과였다. 성형외과의 홈페이지에 들어가서 위치를 확인하고 오픈시간을 확인한 다음, 병원장의 사진을 보았다. 그리고 주문을 외웠다. '반드시 내일 계약한다.'

다음날 아침 일찍 성형외과 앞으로 갔다. 아직 문을 열기 전이었다. 차 안에서 기다리고 있는데 어제 홈페이지에서 본 원장이 병원으로 들어가는 것이 보였다. 그래서 5분을 기다렸다가 병원으로 들어갔다. 병원장은 살짝 당황을 했고 조금 불쾌한 듯 나를 바라봤다.

"자료를 보내달라고 했는데 왜 직접 왔습니까?"

"아, 네. 원장님께서 자료를 빨리 보고 싶어 하실 것 같아서 직접 갖고 왔습니다."

이 말에 어이없다는 표정을 지으면서 살짝 웃는 게 아닌가? 이 틈을 놓치면 안 되겠다 싶어 "이왕 온 김에 살짝 설명도 드리고 가겠습니다!"라고 하자 차 한 잔 할 시간이 있다고 했다.

원장님은 다른 리조트는 이미 검토했다고 한다. 그래서 우리 상품을 장황하게 설명하지 않았다. 다른 리조트를 검토했다는 것은 이미 리조트에 대한 기본지식은 모두 안다는 뜻이기 때문에 처음부터 설명할 필요가 없다. 핵심 부분, 즉 타사와 비교했을 때 우수한 장점들 위주로만 설명했다. 설명하면서 나는 절대 의심하지 않았다. 오늘 나와 계약할 것임을.

설명이 끝나갈 쯤 슬쩍 계약서를 꺼냈고 이렇게 말했다.

"지금 계약하시면 제게 정말 기억에 남는 회원이 될 것입니다. 병원 문 열자마자 바로 계약하신 첫 번째 주인공이 됩니다!"

병원장은 이런 말을 하는 나를 유심히 보더니 "그렇게 합시다. 내가 그 첫 번째가 되는군요!" 하고 껄껄 웃었다. 계약서를 작성하고 계약금까지 입금확인을 모두 마치고 조금 더 대화를 나눴다.

나의 철칙 중에 하나가 더 있다. 계약을 했다고 해서 계약이 끝난 것이 아니다. 계약금을 받지 않으면 그 계약은 불완전 계약이다. 계약금을 받지 않고 회사로 돌아간다면 계약금이 들어올 때까지 불안해 할 것이다. 고객은 주위 사람들에게 이번에 어디 리조트를 구매하려고 계약서를 작성했다며 잘했는지 모르겠다고 살짝 불안한 마음으로 사람들에게 말할 것이다. 그런데 계약금을 받으면 기분 좋게 휘파람을 불며 돌아 갈 수 있을 것이고, 고객은 주위 사람들한테 리조트 계약을 했으니 "다음 주에 여행갈까?" 하고 이미 확신에 찬 어조로 사람들에게 말을 하게 된다.

순간의 차이로 계약이 확실해지느냐 안 되느냐가 결정된다. 이런 경우를 다른 영업사원들한테 많이 봐 왔다. 계약서는 썼는데 입금이 안 되서 계약이 파기된 경우가 허다했다. 그래서 항상 마무리하면서 가장 중요한 계약금을 받고서야 그 자리에서 일어난다는 철칙을 세웠다.

지금도 그 원장님하고는 연락을 하는 사이고 간단한 시술은 공짜로 해 주시곤 한다. 물론 성형외과는 압구정동에서 더 확장해서 점점 발전해 가고 있다.

이렇게 고객과의 만남은 만나기 전부터 이루어진 것처럼 상상하고, 느끼고, 원하는 계약에 집중하면 반드시 계약으로 이끌 수 있다. 의심

할 필요가 없다. 당연히 계약을 할 테니 그런 걱정은 개나 줘버리면 된다. 영업사원들은 수없이 자신을 의심한다. 해보지도 않고 '될까?'를 연발하고, 해보지도 않고 스스로 무너지는 경우가 많다. 자신에 대한 확신이 없는 것이다.

자기 확신이라는 보검

얼마 전 올림픽에서 손연재 선수가 호명을 받고 리듬체조 경기장으로 걸어 나오는 장면을 봤다. 내가 생각하기에 조금은 과한 동작처럼 보였지만 정말 자신에 찬 걸음으로 턱을 들고 미소를 가득히 하고 어깨를 한껏 들어 올려 당당하게, 성큼성큼 입장하는 것이 아닌가? 그 모습을 보면서 정말 대단하다, 저 어린 선수가 세계적인 무대에서 저렇게 당당할 수 있을까 하는 생각이 들었다. 그 당당함은, 수없이 연습을 하고 수없이 스스로를 확신하며 다짐을 했던 결과다. 너무나 아름다웠다. 자신에 대한 확신은 나의 행동이나 말투, 눈빛까지도 빛나게 만든다.

1993년 대학교 1학년 겨울방학 때 대명 비발디파크 스키장이 개장했다. 나는 스키장에 있는 치킨과 돈가스를 파는 '퍼니투'라는 전문점에서 일했다. 아직 주변 부대시설이 대부분 잘 갖춰지지 않아서 컨테이너 박스를 개조해서 만든 그런 식당이었다. 서울 인근에는 스키장이 별로 없을 때였고, 엄청난 스키 붐이 일고 있는 시기라 스키장엔 항상 인산인해를 이뤘다. 내가 일한 식당도 사람들이 꽉꽉 찼고 객실까지 치킨 배달이 줄을 이었다. 우리 주방장은 자신의 음식에 굉장히 자부심이 있었다. 돈가스 소스나 치킨파우더 만드는 법을 극비로 하면서 밤에 몰래 혼자서 작업했다.

프랜차이즈 전문점이 거의 없을 때라 본인만의 노하우가 성공의 열쇠였던 시기였다. 나는 음식에 관심이 많았기에 그 비밀을 무척이나 알고 싶었다. 일개 알바인 내가 그런 비밀을 알아낼 방법은 거의 없었다. 왜냐하면 주방 근처조차 들어갈 수 없었기 때문이다. 나는 어떡하든 주방으로 들어가고 싶었다. 그래서 잠깐 시간이 나면 슬쩍 주방으로 들어가 양파도 까고 정리도 해주면서 계속 기웃거렸다. 그리고 주방일을 배우고 싶다고 간곡히 이야기를 했더니 주방장이 조금씩 가르쳐 주기 시작했다.

먼저 돈가스에 나가는 얇은 양배추 썰기를 가르쳐 주었다. 왼손에 목장갑을 끼고 칼을 수직으로 정확히 세우고 살짝 끌어당기면서 과감히 썰어야 다치지 않는다고 했다. 처음엔 정말 어려웠지만 시간 날 때마다 양배추 자투리로 연습을 계속했더니 어느덧 볼품 있게 썰 수 있었다.

짧은 시간의 내 성과를 보면서 주방장은 기특해 했고 조금씩 주방 기술들을 알려주기 시작했다. 마침내 돈가스 소스 끓이는 방법을 전수 받았는데 수십 가지의 재료가 들어갔다. 나아가 고기를 재워 돈가스 튀김옷을 입히는 것까지 모두 전수받았다. 이때 이 모든 것이 가능할 수 있었던 것은 주방장이 갑자기 스키에 빠지게 돼서 주방을 맡길 사람이 필요했기 때문이다. 결국 나를 키우기로 했던 것인데, 덕분에 정말 운 좋게 엄청난 노하우를 배우게 됐다.

내가 직접 소스를 만들면 주방장은 최종 맛을 보고 보완해주고는 내

솜씨가 정말 좋다고 했다. 매일 돈가스를 먹었다. 매일 먹어도 너무 맛있었다. 손님이 들어와서 주문을 할 때면 돈가스를 극찬하면서 추천했다. 나는 손님에게 돈가스 고기의 두께와 씹을 때의 조화를 설명해주면서 돈가스 먹는 방법을 가르쳐 줄 정도였다. 어떻게 먹으면 더 맛있는지. 알바가 손님한테 그렇게 말하기는 쉽지 않지만 내가 만들었고 맛도 정말 최고였기에 당당하게 말할 수 있었다.

한 달 안에 치킨파우더 만드는 법도 배워서 돈가스 비법과 후라이드 치킨 비법 모두 전수 받았다. 지금도 그때의 실력이 남아서 가끔 가족에게 돈가스를 해주기도 한다.

나 스스로 자신이 있다는 것은 혼자만의 자만심으로 채우면 안 된다. 배울 수 있는 기회가 있으면 최선을 다해서 배우고 최고에게 배우는 것이 나를 만드는 가장 좋은 지름길이다. 자신이 생기면 확신이 들고, 상대방에게 더욱 확실하고 자신 있게 말 할 수 있다. 내 안의 나를 깨워서 확신의 길로 가라.

멘트기술 6

최대한
생생하게 말하라

상상력 발전소 습격사건

《아트 스피치》의 저자 김미경 원장은 이렇게 말한다.

"스피치에서 가장 중요한 게 뭘까? 내게 묻는다면 나는 주저 없이 '청중'이라고 대답한다. 듣는 사람이 가장 중요하다. 대부분의 스피커는 제일 먼저 '어떻게 말할 것인가? 그리고 무엇을 말할 것인가?'를 고민한다. 하지만 누구에게 말할 것인가를 먼저 떠올리는 사람은 의외로 적다. 팔리지 않는 물건은 의미가 없듯이 들어줄 사람이 없는 스피치는 독백이고 메아리일 뿐이다. 청중과 소통하는 스피치를 하고 싶다면 '어떻게'와 '무엇을' 생각하기에 앞서 들어주는 이가 누구인지를 알아야 한다. 성공하는 스피치는 청중을 아는 것에서부터 출발한다."

영업도 스피치와 같다. 무엇을 팔 것인가보다 누구에게 팔 것인가가 중요하고 그 누구에게 어떻게 팔 것인가가 중요하다. 상품을 팔았을 때 고객이 이미 상품을 활용하고 즐기는 상상을 더해주면 고객은 더욱 확고히 마음을 먹게 된다.

리조트 분양을 할 때 가장 많이 활용하는 방법이 바로 고객이 상상하게 하는 것이다. 상상하게 만들려면 최대한 생생하게 말해야 하는데 그 생생함은 내가 경험하지 못하면 절대로 들려줄 수 없다.

고등학교 동창회보에 '김 팀장의 여행일기'라는 글을 연재 한 적이 있다. 내용은 직접 경험한 여행이야기를 편하게 써내려간 이야기였다. 집에서 출발할 때 몇 시에 출발했고 주말이라 어떤 길을 선택했는지, 중간에 어떤 휴게소에 들려 쉬었으며, 어떤 맛집을 방문해서 무엇을 먹고, 잠은 어디서 잤는지, 주위 관광지는 어떻게 즐겼는지 등등 내가 했던 모든 일상을 그림처럼 그려주었다. 그 연재 글을 보고 그대로 따라 했다는 여러 사람들이 있었고, 너무 재밌었다는 후기를 보내준 사람도 있었다. 나와 같은 장소에서 밥을 먹고 사진도 찍고 가족과 좋은 시간을 보내는, 마치 연예인의 모든 일상을 따라하는 것처럼 그런 일들이 벌어졌다. 그것은 바로 내가 직접 경험하고 그 경험을 생생하게 전달했기에 가능한 일이다.

누군가에게 들은 내용이나, 혼자 상상만으로 글을 썼다면 어떠한 감흥도 나오지 않았을 것이고 구체적으로 묘사를 못했을 것이다. 나 역시 그 글을 쓸 때 가족과 다녀온 여행을 머릿속에 한편의 영화가 떠오르듯이 추억하면서 써내려갔고 쓰는 내내 그날의 흥분과 재미가 기억났다.

여행일기를 연재하면서 가족과 여행을 더 많이 다니고 행복한 추억을 많이 쌓았던 것 같다.

어떤 40대 중반의 남자고객과 상담할 때였다. 당시 변산반도에 있는 리조트를 분양하고 있었다. 고객은 변산반도를 가본 적이 없어서 그곳이 어떤 곳인지 전혀 몰랐고 서해의 낙조와 분위기를 알고 싶어 했다. 그래서 이렇게 설명을 했다.

"고객님, 잠시 상상을 해보세요. 가족과 짐을 싸서 트렁크에 넣고 아이들은 뒷좌석에서 깔깔대며 놀고 있고 사랑하는 아내는 옆 좌석에서 함께 합니다. 도로를 달려 휴게소에 들러서 맛있는 간식을 먹고 목적지인 변산반도에 도착합니다. 변산반도에 가면 채석강이라는 곳이 있는데 마치 수만 권의 책을 쌓아놓은 듯합니다. 그곳에 잠시 들려 사진을 찍고 리조트에 도착해서 전망 좋은 방을 잡아서 들어가면 거실의 통유리로 보이는 끝없는 서해바다가 장관입니다. 6시쯤 되면 객실에서 낙조를 볼 수 있는데 그 강렬한 황금빛을 보면 절대 헤어 나올 수 없을 만큼 숨이 막힙니다. 너무나 아름다운 여행입니다."

고객은 마치 여행을 다녀온 듯 미소를 머금고 빨리 그 경험을 하고 싶어 했다. 나 역시도 가족과 함께 그 곳을 다녀온 경험이 있기에 생생하게 말해줄 수 있었고, 내 표정에서 그날의 행복함이 그대로 묻어나서 고객은 더 큰 감동을 받을 수 있었던 것이다. 그때 내가 가보지도 않고 그냥 들은 내용을 설명하면서 '그곳에 가면 정말 좋다고 합니다'라고 말했다면 고객은 아무런 표정도 감흥도 없이 계약도 하지 않았을 것이다.

사람들의 능력은 무한하다. 누군가의 생생한 경험을 듣고 있으면 마치 본인이 주인공이 되어 있는 듯한 기분이 들고 흠뻑 빠지게 된다. 하나하나 상상을 하면서 스스로에게 그 이미지를 각인시키기도 한다.

누군가는 이렇게 말한다. '신이 인간에게 준 가장 큰 자유는 상상'이라고. 누구나 마음대로 상상할 수 있는 자유가 있고, 내가 상상하면 그것은 모두 현실이 될 수 있다. 고객에게 생생한 상상을 하게 하고 그것을 현실에서도 이루게 도와주면 영업은 멋지게 마무리 되는 것이다.

행복을 덤으로 주는 멘트

황태를 황태채로 만들면 부산물 중에 황태껍질이 나온다. 당시 TV에서 황태껍질의 효능이 자주 나오면서 찾는 이가 많았고 여기저기 도매상이나 반찬 만드는 곳에서 황태껍질을 달라는 주문전화가 쇄도했었다. 그래서 용대리 황태껍질은 품귀현상이 날 정도였다. 그래도 단골고객들에게 챙겨주려고 매장에서 팔지 않고 매주 주말에 참여하는 리버마켓에 잘 포장을 해서 가져갔었다.

일부 손님들은 황태껍질을 신기해하면서 TV에서 봤다고 했다. 저분자 콜라겐이 들어 있어서 피부도 좋아지고 몸에 엄청 좋다고 하면서 나보다 더 많이 알고 있었다. 그런데 그분들은 TV에서 봤지만 요리를 해 먹어 본 적이 없었던 것이다. 손님이 물었다.

"이거 어떻게 해 먹어요?"

나는 전날 직접 '황태 껍질 볶음'을 만들어서 캔 맥주에 맛있게 먹는 모습을 리버마켓 카페에 올려놨었다. 그래서 손님의 물음에 바로 생생하게 군침 넘어가게 설명했다.

"황태껍질은 잘 다듬어서 먹기 좋게 자른 다음 물에 20분 정도 불려 물기를 꼭 짜서 반드시 들기름에 볶으셔야 해요. 황태가 들기름하고 궁합이 잘 맞거든요. 그리고 간 마늘하고 간장 그리고 올리고당과 버섯, 야채를 넣고 볶으시면 식감이 정말 꼬들꼬들한 게 어찌나 맛있는지 맥주가 술술 넘어갑니다!"

이렇게 설명을 하면 손님들은 이미 한 손에 맥주가 들려 있는 것처럼 침을 꼴깍 삼키며 먹는 상상을 한다.

"요리하는 방법도 아주 간단하네. 너무 기대되네! 두 봉지만 주세요!"

그날도 황태껍질 요리 방법을 수없이 많은 사람들에게 설명했고 그 설명을 들은 손님들은 모두가 한 손에 황태껍질을 들고 오늘 저녁에 맛있게 해먹어야지 하는 즐거운 상상을 하며 돌아갔다.

행사에 나갈 때 항상 팔던 상품이 아닌 특별한 상품을 팔 때는 전날에 여러 가지 요리법을 찾아내서 그중에 가장 가정에서 편하게 해먹을 수 있는 요리를 직접 해보고, 먹어 보고 간다. 그래야 손님들에게 설명을 할 때 가장 생생하게 설명할 수 있다.

이렇게 내가 바로 전날 생생하게 경험하고 맛본 상품을 설명했을 때 손님들은 지금 먹는 것처럼 상상을 하게 됐고 황태껍질은 조기완판을 달성했다.

말의 힘은 대단하다. 그리고 말의 힘에 생생한 경험이 더해진다면 그 말은 엄청난 설득력을 갖게 되고 내가 원하는 결과를 얻을 수 있게 한다.

영업에서 상품을 설명하고 고객을 이해시켜서 계약을 하는 것은 쉬운 일이 아니다. 특히 고객이 상품에 대해서 경험을 해보거나 사용을 해보지 않았을 경우는 더 어렵다. 그럴 때 내 경험을 생생하게 들려줄 수 있어야 고객은 멋진 상상을 하면서 상품을 갖고 싶어 하고 사용하고 싶어진다. 내가 아는 모든 경험과 추억을 최대한 생생하게 고객에게 전달하라.

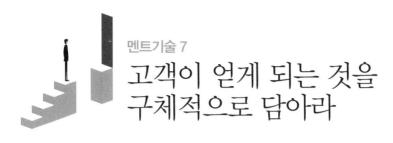

고객이 얻게 되는 것을 구체적으로 담아라

이윤을 계산해 드리죠

요즘은 인터넷 쇼핑이 대세다. 오프라인 매장이 점점 사라지고, 사람들은 오프라인 매장에서 물건을 구경만 하고 똑같은 물건을 집에서 더 싸게 인터넷으로 구매한다. 나 역시도 인터넷을 통해서 책도 사고 식료품도 사고 여러 가지 상품을 손쉽게 구매한다.

특히나 4차 산업혁명이 어쩌고저쩌고 하면서 우리들이 설 자리가 없어진다고 난리다. 그렇지만 우리 같은 영업사원들은 지구가 멸망하지 않는 한 영원히 존재할 것이다. 다만 분야가 바뀔 것이고 하는 일이 다를 뿐이지 영업은 사라질 수 없다. 모든 것이 영업이기 때문이다.

예전에 휴대폰을 사면 온종일 설명서를 보면서 새로운 기능이 뭐가 있는지, 어떻게 다루는지 밤새도록 휴대폰을 만지작만지작 했던 기억이 있다. 휴대폰을 켜는 방법부터 사진 찍는법, 메일 보내는 방법, 문자보내는 방법 등 수많은 기능을 설명서를 보면서 열심히 따라 했었다. 그런데 요즘 휴대폰은 설명서가 없다. 휴대폰에 설명서가 내장 되어 있고 보통사람들은 설명서가 없어도 웬만한 기능들을 알아서 습득한다. 신기한 일이다. 누가 가르쳐주지 않았는데도 새로운 기능을 척척 해내는 우리들이 대단할 따름이다. 그런데 가끔 이렇게 혼자서 무언가를 하려고 하면 지칠 때도 있고 힘들기도 하고 왠지 외롭다는 생각도 든다.

어느 날 서울 후암동을 걷고 있었다. 주위를 둘러보니 상권도 좋고 유동인구도 제법 있는데 자판기가 있는 곳이 거의 없었다. 그래서 쾌재를 부르며 영업을 시작했다. 당시 내 영업엔 전략이 없었다. 그냥 가가호호 무조건 방문해서 조금의 관심이 있으면 눌러 앉아서 설명을 했다. 입에 단내가 날 정도로 설명을 해도 관심은 가지만 섣불리 들여놓기를 꺼려했다. 몇 집을 들어갔다 나오면서 이런 생각이 들었다. '어쩐지 자판기가 하나도 없더라. 나 말고 한두 명이 이곳을 왔다 갔겠어?' 하면서 스스로 위안을 하고 있었다. 그런

데 괜스레 자존심이 생겼다. '그래! 이 동네에 내가 무조건 깃발을 꽂고 간다!'

언덕 위에 비디오가게가 하나 보였다. 비디오가게가 동네마다 있었던 시절이지만 지금은 거의 사라져서 찾아보기 힘들다. 나는 마치 저 산을 정복하러가는 장군처럼 비디오가게로 돌진했다.

젊은 여자 사장이었다. 나이도 내 또래로 보였고 인상도 좋았다. 그 당시 총각이었던 나는 괜스레 마음이 훈훈함을 느꼈다. 정신을 차리고 이런저런 이야기를 했다. 그리고 가방에서 자판기 브로슈어를 쓰윽 꺼냈다. 물론 브로슈어를 꺼내기 전에 사전작업을 했었다.

비디오가게 앞으로 유동인구가 좀 있느냐? 젊은 층들이 많이 오느냐? 마트나 구멍가게가 어디 있느냐? 등등 많은 질문을 했고 그에 대한 대답도 잘 들을 수 있었다. 그리고 브로슈어를 꺼내서 당당히 보여줬다. 자판기가 보통 150~300만 원 정도 한다. 거액이라 처음 가격을 보면 놀라는 사람들이 많았다. 역시나 사장은 가격을 보고 조금 놀라는 눈치였다. 그래서 바로 그 가격을 풀어주기 시작했다.

아까 물어봤던, 유동인구, 유동인구 연령대, 주위 마트나 구멍가게 등등을 종합해서 이곳에 자판기가 생기면 많은 사람들이 이용을 할 여건이 충분히 된다고 했다. 그리고 구체적인 플랜을 만들기 시작했다. 음료수를 하루에 5개, 커피를 10잔만 팔아도 할부금을 내고도 이윤이 남는다. 그런데 이 정도의 상권이면 충분히 그 이상을 팔 수 있다고 설명했다. 주인도 설명을 듣고 생각하더니 충분히 그림이 그려지는 것 같았다. 그리고 마지막으로 결정적 한마디를 던졌다. 만일 이곳에서 이 정도의 매출이 나오지 않으면 환불해주겠다고 선포를 해버렸다.

내 영업경력으로 볼 때 그곳은 충분히 상권이 형성되어 있어서 자신 있었다. 비디오가게 주인은 그 말에 확신을 갖고 계약서를 작성했다. 다음날 바로 기사와 함께 자판기 설치를 해줬고 즐겁게 마무리 했다. 가끔씩 그 동네에 가면 자판기에서 음료수를 하나 뽑아서 주인과 이야기를 나누는데 큰돈은 아니지만 용돈 정도 돈이 벌려서 고마워했다.

상품을 팔 때 영업사원들은 모든 면에서 전문가가 되어야 한다. 내 상품에 대한 지식도 당연히 있어야 하지만 고객이 상품을 샀을 때 상품으로 어떻게 쓸 것인지도 구체적으로 알려 주어야 한다. 자판기는 앞서도 말했듯이 구체적인 운영플랜을 짜주면 되고, 가전제품 같은 것은 사용설명서가 있지만 설명서에 나와 있지 않은 특별한 기능 등을 알려주면 된다. 식재료들은 흔히 먹는 요리법이 아닌 독특하고 맛있는 요리법도 알려주면 고객들은 만족한다.

단순히 상품만 팔려고 상품설명만 한다면 고객은 돌아설지 모른다. 내가 아는 모든 것을 상품에 담고 구체적으로 말을 해주면 고객은 기분 좋게 내 상품을 가져간다.

고객의 클래스를 맞춰라

골프를 처음 배운 것은 2003년 대명리조트에 입사 했을 때였다. 서른 살밖에 되지 않았고 주위의 친구들 중에 골프를 하는 친구들은 거의 없었다. 그렇지만 레저업계에 있으면 당연히 골프 정도는 칠 줄 알아야 고급영업을 할 수 있겠다는 생각에 골프를 시작했다. 처음 배울 때 레

슨을 받으면서 하루도 빠짐없이 골프연습을 했고 하루 1천여 개의 공을 쳐 손이 다 까지도록 몰두했다.

마침 스크린 골프가 유행하기 시작했다. 직원들하고 하루에도 몇 번씩 스크린골프를 가서 열심히 쳤다. 짧은 시간 안에 실력은 많이 향상됐고 역삼동 스크린골프장에서 개최한 스크린 골프대회 2연패를 석권하기도 했다.

골프를 배우고 조금 자신이 생기기 시작하니 고객들과 라운딩을 나가는 기회가 여럿 생기기 시작했다. 골프장에 가면 4~5시간을 고객과 함께 이야기도 많이 하게 되고 내가 원했던 소개도 많이 나왔다. 당시 골프는 지금보다 상위 클래스의 운동이었기 때문에 함께 라운딩 하는 사람들이 대부분 기업의 대표이사들이 많았다. 골프 하나 열심히 배웠을 뿐인데 내가 영업할 수 있는 클래스가 높아지고 있었다.

동료들에게는 내가 매일 놀러 다니는 것처럼 보였겠지만 실적은 오히려 점점 올라가고 있었다. 골프를 배워서 그런지 짧은 시간에 억대연봉자 대열에 들어가게 되었다. 골프를 치게 되면 사람들은 거의 대부분 내기를 하게 된다. 골프내기를 해보면 그 사람의 됨됨이를 알 수 있다. 그런 면에서 나는 최대한 나를 들키지 않으려고 노력을 많이 했다.

라운딩을 나가면 아무래도 구력이 좋은 사장님들이 나보다 훨씬 잘 친다. 그래서 내게 핸디를 많이 주고 시작하지만 결국 나는 준비한 돈도 다 잃고 만다. 그럴 때 내 표정관리가 중요하다. 얼굴이 굳거나 말을 안 하거나 삐져 있으면 다시는 나와 골프를 치지 않는다. 그래서 돈을 잃어도 웃으면서 말했고, 많이 배웠다면서 처음 보는 대표들한테 더 살

갑게 대했다. 그러면 어김없이 다음날 연락이 왔고 나와 거액의 계약을 했다. 그 후로 골프연습은 사람들과 어울릴 정도의 실력만 연습했다.

고객과 골프 칠 때 가장 적당한 실력이 내 기준으로는 핸디 80대 후반에서 90대 초반 정도면 웬만해서는 돈을 잃지도 않고 적당히 조금 따는 정도의 실력이 된다. 이것도 내 영업의 전략 중에 하나다. 실력이 너무 좋으면 버겁게 느껴지고 너무 못 치면 같이 가고 싶어지지 않는다. 적당히 고객들과 비슷한 정도의 실력을 갖고 있으면 항상 긴장감이 생기고 게임이 재밌어진다.

골프매너는 영업매너를 더 좋게 만드는 운동이라고 생각한다. 나를 다스려야 하고 상대방을 존중해 줘야 하고 긴 시간을 함께 하면서 적절한 말들을 잘 구사할 수 있게 된다. 제일 중요한 것은 부자들의 마인드와 부자들의 행동을 배울 수 있는 좋은 기회가 되기도 한다. 물론 지금은 누구나 골프를 치는 시대지만 골프에서 배우는 마인드나 자기관리는 여전히 좋은 운동임에 틀림없다.

영업을 할 때 특히 고급영업을 할 때는 상품보다 나를 먼저 파는 것이 중요하다. 부자들은 상품을 살 때 누구보다 먼저 사전지식을 습득하고 정확히 파악을 한다. 내가 굳이 상품을 멋지게 설명할 필요가 별로 없다. 나와 계약할 것인가? 아니면 다른 사람과 계약할 것인가? 두 가지다. 그렇다면 나와 계약할 수 있게 나를 먼저 팔아야 한다. 여기서 중요한 점은 나의 장점을 충분히 보여줄 수 있는 시간과 나를 설명해 줄 다른 사람이 필요한 것이다. 그것은 바로 그들의 지인이고 그 지인은 내 고객들이어야 한다.

　고객들이 나에 대해서 잘 알게 만든다. 가끔 손편지도 쓰고 문자도 보내면서 나의 일상을 구체적으로 보여주기도 한다. 그러면 고객은 나를 단순한 영업사원이 아닌 함께 가는 동반자처럼 생각하고 무한 신뢰를 한다. 영업을 하면서 늘 느끼지만 고객이 나를 앎으로써 자신이 얻게 되는 많은 유익함을 구체적으로 알게 되면 고객은 저절로 진정한 나의 팬이 된다.

고객의 마음을 헤아리는 말로 정확하게 설명하라

무릎을 꿇으면 얻는 것

우리가 만나는 고객은 너무나 다양하다. 어른과는 어른에 맞는 대화를 하고, 아이들하고는 아이들 언어를 써서 말을 하고, 부자들에게는 부자들의 마인드로 말을 하면서 대화를 이끌어 나가야 한다.

고객을 파악하지 못하고 나 혼자 나만의 언어로 고객을 대한다면 대화 자체가 안 될 것이다. 상대방이 알 수도 없는 전문용어를 섞어가면서 마치 전문가인양 흉내를 내는 영업사원도 있고, 어린아이에게 눈높이도 맞추지 않고 마구 떠들어대는 영업사원들도 주위에 흔하다. 상대방을 관찰하고 상대방의 수준을 감안하여 쉽고 정확하게 설명하는 영업사원이 최고의 영업사원이다.

지하철에서 '피카츄' 시계를 팔 때다. 당시 피카츄의 인기는 어마어마 했다. 피카츄 손목시계가 겨우 천 원밖에 하지 않았기 때문에 지하철에 서 인기가 정말 좋았다.

어느 날 지하철에 담배박스로 만든 가방을 들고 '피카츄' 시계를 설명 하고 있었다. 그날은 주말이라 가족동반 손님들이 많았다.

'피카츄' 시계는 아이들이 주요 고객이기 때문에 아이들에 맞는 설명 을 해주기 시작했다. 피카츄 노래도 부르면서 마치 구연동화를 하듯이 아이들이 알아듣기 쉽게 설명했다. 물론 돈을 주는 사람은 어른이겠지 만 지하철에서 아이들의 '떼쓰기 한판'은 부모들이 가장 힘들어한다는 것을 알고 있기에 굳이 부모를 위한 설명을 할 필요가 없었다.

설명을 마치자마자 아이들이 우르르 몰리기 시작했다. 보통은 서서 물건을 파는데 그때는 무릎을 꿇고 물건을 팔기 시작했다. 내 고객들이 거의 어린아이였기 때문이다. 객차 내는 순식간에 아수라장이 됐고 일 부 승객들은 불편을 호소할 정도였다. 아이들 손에 천 원짜리가 하나씩 들려 있었고 나는 유치원 선생님처럼 이야기를 했다.

"어린이 여러분, 줄을 서주세요, 착하죠?"

아이들은 정말 착하고 순수하다. 내 한마디에 줄을 서서 순서를 기다 린다.

일부 아이들은 부모님께 시계를 사달라며 조르고 있었고, 그 부모들 은 나를 레이저 눈으로 무언의 눈빛을 마구 발사했다. 어느 유치원 선 생님은 아이들 사다준다면서 20개를 한 번에 사기도 했다. 이렇게 다음 칸도 거의 같은 반응으로 이어져 그날 '피카츄'시계는 한 시간도 안 되어 완판을 하고 고시원으로 돌아갔다.

지하철에서 물건을 팔았을 때 내가 취급했던 물건들은 대략 70~80가지 정도로 정말 다양했다. 물건마다 필요한 사람이 있고 필요한 사람마다 연령이 있고 관심이 달랐다. 그때마다 물건에 맞는 고객층을 정하고 그들에 맞는 멘트를 짜서 설명했다.

겨울철 고무장갑을 팔 때는 아주머니에 맞는 언어를 쓰고, 건전지를 팔 때는 젊은 층에 맞는 언어를 쓰고, 팽이나 장난감을 팔 때는 아이들에 맞는 언어를 사용했다.

대부분 지하철에서 파는 노점상인들은 어떤 물건이든 그냥 어떤 대상에게 팔 것인가를 생각하지 않고 무조건 본인만의 언어로 설명한다. 반대로 그것이 내가 지하철에서 항상 판매왕을 할 수 있었던 이유 중의 하나다.

고객은 고객에게 맞는 언어와 수준이 따로 있다. 그런 고객을 파악하지 않고 앵무새처럼 무조건 떠들게 되면 고객은 아무 감흥도 없고 우리들의 말을 알아들을 수도 없다.

요즘 유행하는 단어가 있다. 바로 공감(共感)이다. 남의 감정, 의견, 주장 따위에 대하여 자기도 그렇다고 느끼는 기분이 공감이다.

상대방의 감정을 내가 비슷하게 느끼는 감정이 바로 공감이고, 그 공감대 형성을 위해서 고객의 말을 신중하게 듣는 것이 아주 중요하다. 상대방의 고민을 해결해주는 가장 좋은 방법은 바로 '있는 그대로 들어주기'라고 한다. 어떠한 말보다도 그냥 들어주면 상대방의 고민은 반

이상 해결된다. 그리고 함께 공감해주면 마음이 편해짐을 느낀다. 이렇게 고객과 대화를 통해 공감대가 형성되면 고객의 마음을 헤아릴 수 있고 고객에게 한 걸음 다가가 정확하게 설명을 할 수 있게 된다.

고객은 '어린 왕자'다

요즘 아들에게 어릴 때 읽었던 생텍쥐페리의 《어린 왕자》를 읽어주고 있다. 이 책은 초등학교 때부터 읽어서 성인이 된 요즘도 가끔씩 보는 책이다. 어릴 때는 잘 몰랐던 내용들이 커가면서 조금씩 이해가 됐고 지금도 새롭게 깨달아가는 내용이 많다.

책을 읽어주면 아이가 질문을 한다. 보아뱀이 뭐야? B612가 뭐야? 어린 왕자는 왜 혼자 살아? 어떻게 지구에 왔어? 사막은 뭐야? 사람들은 왜 그런 것을 물어? 한 줄 읽을 때마다 질문이 쏟아진다. 마치 어린 왕자가 생텍쥐페리에게 질문한 것처럼. 나는 지식과 경험에 비추어서 하나씩 설명을 해준다.

어린아이를 키워본 사람들은 잘 알 것이다. 아이의 질문은 끝없이 꼬리에 꼬리를 물듯이 물어보고 또 물어보고 계속해서 '왜? 왜? 왜?'를 외친다. 가끔은 끝없는 왜라는 질문에 폭발할 때도 있지만 잘 참고 차근차근 설명을 해줘야 한다.

아이에게 설명할 때는 아이의 언어를 사용해야 한다. 아이가 아는 단어는 아직 많지가 않다. 그런데 내가 아는 단어를 아무 생각 없이 말하게 되면 아이는 알아듣지 못하게 되고 계속 왜?라는 말을 되풀이 한다.

어른들은 많은 경험을 했기 때문에 양이 어떻게 생겼는지, 여우가 어떻게 생겼는지, 하늘에 별은 왜 빛나는지를 알고 있지만 아이들은 본 적이 없거나 경험하지 않은 것이 많다. 때문에 미루어 짐작하듯이 설명해 주면 안 되고 구체적으로 하나씩 하나씩 설명해줘야 조금씩 알아간다.

《어린 왕자》를 자주 읽어주다 보니 아이는 꿈속에서 어린 왕자를 만난다고 하면서 밤에 잘 때 아빠도 꿈속으로 놀러오라고 한다. 그리고 밤 10시까지 오면 함께 놀 수 있으니까 늦지 말고 꼭 오라는 말을 하고 잠든다.

아이를 키우면서 고객에 대한 생각들이 다시금 정리됐다. 내가 고객을 대할 때 내 생각만하고 말을 했는지, 아니면 진정으로 고객의 마음을 헤아리며 내 아이에게 말하듯이 진심을 다했는지. 또한 고객이 알아들을 수 있게 정확하게 설명을 했는지? 이렇게 많은 질문을 스스로에게 던지면서 다시금 고객에 대한 내 마음을 들여다본다.

고객이 계약을 하는데 있어서 어떤 점의 불안요소가 있는지, 어떤 점이 덜 해결됐는지, 어떤 부분을 보완해주면 되는지는 바로 진솔한 대화에서 공감을 하고 고객의 마음을 헤아리는 데서 나온다. 이러한 방법을 알게 되면 해결책을 쉽게 말할 수 있고 고객은 문제의 해결이 잘 되면 편안하게 마음의 결정을 내릴 수 있는 것이다.

고객은 나만 만나는 것이 아니라 다른 많은 영업사원들을 만난다. 같은 상품을 사더라도 여러 명의 영업사원에게 상담을 받고 생각하게 되는데 여러 명의 영업사원 중에서 과연 어떤 영업사원하고 계약을 하겠는가? 바로 고객의 마음을 잘 헤아리고 정확하게 설명을 잘 해주었던 영업사원을 기억한다.

계약은 당신 것이다.

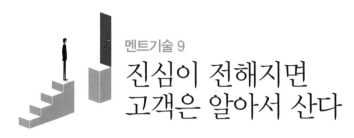

진심이 전해지면
고객은 알아서 산다

낯선 친절의 감동

모르는 사람에게 아무 대가도 없이 돈을 받아 본 적이 있는가? 구걸을 해서가 아니라 사람의 마음이 통해서 말이다. 그 돈이 내게 큰 힘이 되었고 희망이 되었다.

여느 때와 같이 담배박스를 테이프로 칭칭 감고 가방을 만들어 10개짜리 칫솔세트를 100개 채워서 지하철로 향했다. 신설동 지하철역으로 들어가는 입구는 어둡고 칙칙하다. 마치 현재의 내 모습처럼 긴 동굴을 들어가는 것 같은 느낌이 드는 곳이다. 매표소에서 지하철 표를 끊고 뚜벅뚜벅 지하철을 향했다. 지하철로 향하는 마음은 항상 두근거린다. 내가 하는 장사가 불법이기 때문에 하루에 한 번 정도는 파출소에 끌려

가기 때문이다. 지하철 표를 끊고 늘 가는 2호선 라인으로 이동했다.

신당역에서 잠실역까지가 주로 장사를 했던 구간이다. 그날도 마음을 굳게 먹고 지하철을 탔다. 항상 느끼지만 매번 탈 때마다 떨리고 지하철을 탈까 말까 고민을 한다. 객차 3번째 지점에 가방을 내려놓고 인사를 한다.

"안녕하십니까? 아르바이트 학생입니다. 잠시 시끄럽더라도 양해 부탁드립니다. 오늘 여러분께 소개드릴 상품은 누구나 가정에서 꼭 필요한 칫솔세트입니다. 요즘 슈퍼나 목욕탕에 가셔도 칫솔 하나에 500원 이상 합니다. 오늘 여러분께 소개드릴 칫솔은 10개 한 세트로 단돈 천 원에 드립니다. 갑자기 집에 손님이 찾아오거나 친척 분들이 찾아왔을 때 칫솔을 찾는 분들이 많은데, 이렇게 10개짜리 한 세트만 갖고 있으면 전혀 걱정이 되지 않습니다. 칫솔모도 고급칫솔모처럼 부드럽고 손잡이도 인체공학 설계로 그립감이 아주 좋습니다. 단돈 천 원에 모시겠습니다. 네, 지금 갈게요. 알겠습니다!"

설명을 마치자 승객들이 하나씩 사갔다. 그때 갑자기 어떤 아주머니가 다가와 손에 무언가를 쥐어주고 급하게 열차 밖으로 빠져 나가는 게 아닌가? 얼떨결에 손을 펴보니 꼬깃꼬깃 접혀진 만 원짜리 한 장이었다. 그 분은 물건도 가져가지 않고 그냥 만 원짜리를 내 손에 쥐어주고는 홀연히 가버리셨다. 쫓아가려고 했는데 이미 문은 닫히고 열차는 출발하고 있었다.

나는 만 원짜리를 멍하니 쳐다보고 있었다. 도저히 장사를 할 수 없었다. 마음이 이상했다. 그래서 다음 역에 내려서 지하철 벤치에 앉았다. 갑자기 많은 생각이 몰려왔다. '나를 아는 사람인가? 본 적이 있던가? 누구지?' 아무리 생각해도 누군지 알 수가 없었다. 그리고 '이 돈은 왜 줬을까? 뭣 때문에 줬을까? 왜? 왜?'

그런데 그때 갑자기 눈물이 흘렀다. 만 원짜리 지폐를 보고 있는데 나도 모르게 눈물이 막 흐르는 것이었다. 눈물을 흘리고 있는 내가 놀라웠다. 왜 눈물이 나는 것일까? 고마움일까? 아니면 비참함일까? 무엇일까? 수없이 내게 질문을 던졌다. 지난 시간들이 파노라마처럼 스쳐갔다.

처음 지하철에 와서 장사를 하다가 잡혀서 법원에 가서 즉결심판도 받고, 하루에 한 번씩 파출소에 끌려가서 벌금딱지를 받고, 사람들에게 무시당하고, 고시원 골방에서 밥을 먹고, 또 새벽에 나와서 지하철을 타고……. 만감이 교차했다.

지하철 장사를 하면서 돈을 벌고는 있었지만 좋은 기억, 행복한 기억은 없었다. 매일 치열하게 노점상들 사이에서 부딪히고 인상 쓰면서 서로 지하철을 타려고 실랑이를 벌이면서 전쟁처럼 보내고 있었다. 그런데 내 손에 쥐어진 만 원짜리 지폐는 나를 울게 만들었다. 만 원을 건네준 그 아주머니가 너무 고마웠고 따뜻했다. 아주머니도 나같은 아들이 있겠다는 생각이 들었다. 지하철에서 고생하는 학생을 보니 왠지 아들 생각이 나서 도와주고 싶었나 보다. 너무나 고맙고 행복하고 가슴이 뜨거워졌다.

'세상이 너무 각박하고 나쁘지만은 않구나. 좋은 사람도 많고 행복을 주는 사람이 많구나!'

지금도 그때 생각을 하면 가슴이 찡하고 마음이 따뜻해짐을 느낀다. 그리고 그분을 꼭 찾고 싶은 생각도 든다. 내가 어려웠을 때 희망의 돈을 주고 가신 아주머님, 이 자리를 빌려 감사하다고 말씀 드리고 싶다. 고맙습니다.

사는 사람이 후회 없게

지하철에서 물건을 팔 때 나의 마음가짐은 이랬다.

첫째, 걸리지 말자

둘째, 많이 팔자

셋째, 꼭 필요한 사람이 사면 좋겠다

넷째, 내 물건을 사는 사람이 후회하지 않았으면 좋겠다

항상 이렇게 다짐을 했다. 지하철 노점으로 들어오는 물건은 수없이 많은데 그 중에 늘 가격대비 좋은 상품만 선택을 해서 팔았다. 마진이 좋은 것을 선택하는 것이 아니라 천 원의 가치가 충분히 있는 상품들, 그리고 가정에서 또는 직장에서 필요한 상품만을 선별해서 팔았다. 그래서 그랬는지 내가 파는 상품은 잘 팔렸고 설명도 해주기 전에 사가는 사람들이 많았다.

왜냐하면 어느새 지하철 2호선에서 스타가 되어 있었기 때문이다. 단순히 마진이 좋은 불량상품을 팔았더라면 나는 그 곳에서 물건을 많이 팔지 못했을 것이고 욕을 먹었을지도 모른다. 거의 같은 시간에 지하철을 타기 때문에 내게 여러 번 물건을 사는 사람들도 종종 있었다. 그리고 칭찬을 해주는 승객들도 있었다. 지하철은 사람 냄새가 정말 많이 나는 곳이다. 정이 있고 사랑이 있다.

영업을 하다보면 머릿속에 이것 하나 팔면 얼마가 남고 저것 하나 팔면 수당이 얼마고 하면서 온통 숫자와 계산으로 가득 찬다. 고객을 위해서 상품을 파는 것이 아니라 나에게 이익이 많고 회사에 이익이 많은 상품을 팔려고 애를 쓴다. 그러면 고객들은 금방 눈치를 챈다. 본인의 생각과는 다르게 영업사원이 다른 상품을 더 강조하고 있기 때문이다.

고객들은 영업사원이 강조하는 상품을 일단 의심의 눈초리로 본다.

왜 이 사람이 유독 한 가지 상품만을 강조하면서 설명을 하는지 의심을 하게 된다. 나 역시도 그렇게 영업을 많이 했었다. 고객은 그럴 때 영업사원에게 진심을 느낄 수가 없다. 물건 하나 팔려고 하는 장사꾼으로 보게 된다.

결국 내가 선택한 것은 나보다는 고객을 먼저 생각하고 좋은 상품을 권해주는 전략이다. 진심으로 고객의 입장에 서서 그리고 고객의 상황에 맞는 상품을 권해드리는 것이 영업에서 오래갈 수 있는 길이고, 그 고객들이 나의 영업사원이 되어 곳곳에서 나를 추천해주는 원동력이 되는 것이다.

영업사원은 영업을 하는 사람이다. 유형의 상품이든, 무형의 상품이든 고객에게 대가를 지불받고 상품을 파는 사람이다. 어떻게 하면 많이 팔아 볼까하고 고민만 하지 말고 고객에게 어떤 마음으로 다가설 것인가를 깊이 생각하는 것이 고객에게 나의 진심을 전할 수 있는 방법이다.

자꾸만 사고 싶게 만드는 심리기술 8가지

고객의 기대감을 높여라

고객의 잠재적 욕구를 깨워라

상품에·권위를 부여하라

상품에 에피소드를 입혀라

상품이 돋보이도록 포장하라

한정으로 소비자의 구매욕을 높여라

이메일, SNS를 통해 잠재적 욕구를 이끌어내라

고객의 부족한 2%를 채워주는 영업을 한다

고객의 기대감을
높여라

당신만 선택된 거예요

　남녀가 만나서 사랑을 하고 결혼을 하게 되는데 여기에는 남녀의 차이가 많다. 남자는 일단 다른 조건은 필요 없이 무조건 '예쁜가, 안 예쁜가'가 첫째다. 그 첫째 조건이 충족되면 그제야 다른 것을 생각할 수 있는 즉물적이고 원초적인 동물이다. 그런데 여자들의 경우는 사뭇 다르다. 물론 남자들처럼 '잘생겼나, 못생겼나'가 중요한 사람들도 많이 있지만 대부분의 설문이나 질문에서 여자들은 그 남자의 능력과 성격을 많이 본다고 답한다.

　그렇다면 남자의 능력이라는 것이 눈에 바로 보이는 것일까? 단지 어떤 직장을 다니는가와 집안이 어떤가 정도를 보고 판단을 할 것이다. 더 나아가 데이트를 하고 대화를 하면서 그 남자가 생각하는 세계관이

나 앞으로의 꿈들을 들으면 기대하게 된다. 기대한다는 것은 내 눈에 바로 보이는 것이 아니라 앞으로 펼쳐질 그 무엇을 상상하게 하고 믿게 만드는 힘이다. 국어사전에서도 기대라는 말은 '어떤 일이 원하는 대로 이루어지기를 바라면서 기다림'이라고 나와 있다.

실제로 형상화 되어 있지 않고 무형의 그 무엇을 바라는 것인데 우리들은 지난 수천 년 동안 조상이나 어떤 종교에 기대어서 소원을 비는 일들을 많이 했다. 어떤 사찰을 가거나, 별똥별이 떨어지거나, 보름달이 뜨거나, 또는 해가 뜨고 지는 모든 것을 보면서 의미를 부여하고 미래에 대한 기대를 걸고 있다. 이러한 사람들의 심리가 영업을 하는 데 있어서 굉장히 중요한 역할을 한다.

단순히 상품을 파는 것이 아니라 그 상품에 기대를 걸 수 있게, 그리고 기대를 높일 수 있게 기업이나 영업사원들은 갖가지 방법을 구사한다. 보통 기업에서 상품을 출시할 때 철저한 준비를 하고 어떻게 하면 고객의 기대에 부응할까 고민해서 최종적으로 상품을 출시한다.

대명리조트에서 '소노펠리체'를 출시할 때 다음과 같은 마케팅을 진행한 적이 있다.

그 당시 지금까지의 리조트 분양 고객을 분석한 결과 대략 70%가 서울·경기에서 분양을 받았다. 그래서 '소노펠리체'의 1차 고객을 서울·경기로 잡았다. 그런데 '소노펠리체'는 홍천에 지어지는 리조트이기 때문에 보여줄 수 있는 여건이 되지 않았다. 다행히 대명리조트 본사가 역삼동 테헤란로에 위치하고 있었기 때문에 사람들의 접근성이 좋았다.

1층을 전면 개조하면서 '소노펠리체'의 간단한 모델하우스를 만들었고 또한 홍천에는 더 큰 모델하우스를 만들었다. 여기서 핵심은 일반적으로 리조트를 분양할 때 영업사원이 직접 분양상품을 설명하는 방식이었지만 대명리조트에서는 '키 크고 예쁜' 전문 직원을 고용해서 멋지게 진행했다는 것이다.

특히나 홍천 비발디파크의 모델하우스는 사전에 고객 예약을 해야만 볼 수 있게 뭔가 더 격이 있고 아무나 볼 수 없다는 전략으로 고객의 기대감을 높였다. 고객을 모시고 가면 나와 같은 영업사원은 고객에게 전문 직원이 설명을 할 때 같이 고개만 끄덕이고 단 한 마디도 거들지 않았다. 그래야만 고객이 더 집중했기 때문이다.

또한 당시 유행했던 '유비쿼터스시스템'을 적용해서 최첨단 기기를 도입했다. 더욱 중요한 것은 부자들은 자신의 사생활을 아주 중시했기 때문에 그것을 해결할 수 있는 방법을 적용했는데 최고급 호텔에서만 적용했던 '나만의 층'을 갈 수 있게 승강기에 본인 숙박카드를 인식시키는 등의 프라이빗 설계를 강조했다.

이렇게 전문적인 설명을 들은 고객들은 엄청난 기대를 하게 됐다. 고객들이 살고 있는 집보다 더 멋진 최첨단 시설이 들어가고 최고급 호텔에서만 경험할 수 있는 시설을 리조트에서 즐길 수 있겠다는 기대감이 마음을 흔들어 놓은 것이다.

가족과 여행을 오면 전용주차장에 주차를 하고 최고급 호텔식 서비스를 받으며 편한 휴가를 즐길 수 있다는 상상이 절로 나게 만들었다. 이렇게 고객의 상상력과 미래에 대한 기대감을 한껏 올려놓았더니 특별히 강조하지 않아도 계약이 쉽게 됐다. 홍천 비발디 모델하우스에 모셔가기만 하면 대부분 맘에 들어하고 계약을 했다.

부채감정도 필요하다

사람의 마음은 사실 한없이 긍정적인 요소가 많다. 좋은 이야기를 많이 하면 그 이야기에 많은 상상을 하고 믿는 경우가 많다. '피그말리온' 효과라는 것이 있다. 긍정적인 기대나 관심이 사람에게 좋은 영향을 미치는 효과를 말한다. 즉 일이 잘 풀릴 것으로 기대하면 잘 풀리고, 안 풀릴 것으로 기대하면 안 풀리는 경우를 모두 포괄하는 자기 충족적 예언과 같은 말이다. 그래서 기업에서는 이런 긍정적인 기대와 관심을 끊임없이 주입시켜서 고객을 원하는 방향으로 이끄는 전략을 세운다.

고객의 기대를 높이는 것에는 직접 체험을 해보게 하는 것도 굉장히 중요하다. 체험이라는 것은 꼭 몸으로 하는 것이 아니라 상상으로 체험을 할 수도 있고 오감(五感)으로 체험할 수도 있다.

언제부턴가 대형마트에서는 시식코너라는 것이 생겼다. 기업들이 자사의 신상품을 맛 보여주면서 상품을 홍보하는 수단이었는데 지금은 신상품뿐만 아니라 거의 모든 상품들을 판매하기 위한 전략으로 사용한다.

우리나라 사람들의 성향은 아쉬운 소리를 잘 못하고 어떤 혜택을 받으면 고마워서 뭔가를 들어주고 싶은 마음이 많이 생기는 기질이 있다. 그래서 시식코너에 가면 계속해서 음식을 만들고 지나가는 사람에게 관심도 없는데 먹어보라고 권유한다. 나 역시 마트에 가서 시식을 하면 살 계획도 없었는데 그 상품을 집어오는 경우가 많았다. 내가 먹었더니 맛도 있고 해서 우리 가족도 좋아하겠지 하고 기대를 하는 것이다.

전국 행사장을 다니면서 황태를 팔았을 때 "용대리 황태는 명품황태이고 맛이 기가 막힙니다"라고 말로만 떠들었다면 매출은 일어나지 않았을 것이다. 용대리 황태를 직접 시식하게 하고 맛을 보여주면 이구동성으로 "와우 정말 맛있네요. 마트에서 파는 것하고는 차원이 틀린데요!"이렇게 반응을 한다. 나 역시도 다른 황태를 많이 먹어보고 분석을 해봤지만 용대리 황태하고는 질적으로나 맛으로나 차이가 있었다. 그래서 자신 있게 시식을 시켰다. 먹어본 고객은 다른 황태보다 가격은 비싸지만 그 가치를 알아버렸기 때문에 흔쾌히 구매를 해서 간다. 그리고 항상 고객은 질문을 한다. "어떻게 요리하면 맛있어요?" 그러면 몇 가지 방법을 알려주고 황태와 궁합이 맞는 식재료를 간단히 소개해준다. 고객들은 이미 자신이 저녁에 가족을 위해 요리를 만든 것처럼 기분 좋게 돌아간다.

고객의 기대를 높이는 것은 단순하게 바로바로 올릴 수 있는 것이 아니다. 내가 파는 상품을 정확히 이해하고 또한 판매대상을 철저히 연구해서 그에 맞는 상황과 판매방식을 적용해야 고객의 기대감을 최고로 높일 수 있다. 단순히 입에 바른말만 한다고 고객이 넘어오는 것이 아니라 진심을 다해 정확한 사실을 보여주면 고객은 고개를 끄덕인다.

고객의 잠재적 욕구를 깨워라

퍼스트 펭귄

사람들은 종종 남의 눈치를 보는 경우가 많다. 선생님이 '질문 있는 사람?' 하고 물어보면 주위를 꼭 한번 둘러보고 손을 들까 말까 고민을 한다. 궁금한 게 분명히 있는데 선뜻 손을 못 든다. 그런데 그때 누군가가 손을 번쩍 들고 '저요!' 하면 질문하고 싶었던 다른 사람들이 마구 손을 들기 시작한다.

'퍼스트 펭귄(First penguin)'이란 말이 있다. 무리지어 생활하는 펭귄들은 먹잇감을 구하러 바다에 뛰어들어야 하지만, 바다표범같은 바다의 포식자들이 두려워서 머뭇거린다. 이때 가장 먼저 바다에 뛰어들어 다른 펭귄들도 뒤따라 뛰어들도록 이끄는 펭귄을 퍼스트 펭귄이라고 한다. 불확실하고 위험한 상황에서 용기를 내 먼저 도전함으로써 다른 이들에게도 참여의 동기를 유발하는 선발자를 가리키는 말이다. 주위를 둘러보면 퍼스트 펭귄들이 많다. 그들은 항상 주도적이고 리더십이 있고 도전정신이 투철한 사람이다. 그리고 그런 사람에게는 따르는 사람들이 많다.

　지하철에서 장사를 할 때였다. 지하철 노점 상품은 천 원이 넘어가면 고가의 상품으로 생각해서 사람들이 쉽게 돈을 꺼내지 않는다. 분명히 갖고 싶은데 아무도 안 사는 걸 내가 사면 괜히 바보가 되는 것 같기도 하고 두려워서 선뜻 물건을 못 사는 사람들이 대부분이다. 그래서 3천 원 이상 또는 5천 원 이상의 물건을 팔 때는 지하철 노점상들도 퍼스트 펭귄을 활용한다.

　내가 처음 5천 원짜리 상품을 팔 때였다. 누가 봐도 가격대비 쓸 만한 상품이고 갖고 싶은 상품이었다. 5천 원이면 밥 한 끼 먹으면 없어지는 돈이기 때문에 그렇게 큰돈은 아니었지만 지하철에서는 굉장히 큰돈으로 여겨지는 액수다. 그래서 처음 고가의 5천 원짜리 상품을 팔려고 할 때 사람들은 망설였고 구매를 하지 않았다. 왜냐면 아무도 그 상품을 사지 않기 때문에 마치 자신만 바보 되는 것이 아닌가하기 때문이다. 마음속으로는 수천 번도 사야지 하면서 다짐을 하지만 정작 노점상이 지나갈 때까지 행동을 못하고 집에 가면서 후회하는 경우도 종종 있다.

　그래서 나는 퍼스트 펭귄을 투여하기로 했다. 앞에서 잠깐 말했지만 일명 '코스'라는 아주머니를 고용하는 것이다. 이 아주머니의 역할은 내가 물건을 설명하면 최대한 멀리에 서있거나 앉아 있다가 설명이 끝남과 동시에 급한 척하면서 "안 그래도 이거 사려고 했는데 잘 됐다. 하나 주세요!" 하고는 물건을 계산하고 정거장에서 내려 다음 칸으로 이동하는 것이다. '코스'가 물건을 떠들면서 좋다고 사게 되면 움찔움찔하던 사람들이 나도 모르게 일어나서 물건을 사기 시작한다. 이렇게 해서 다음 칸도 역시 코스의 도움을 받아 상품을 팔면 평소에 팔던 매출보다 평균 3~5배가 더 많이 팔린다. 사람들의 잠재적인 욕구를 그 '코스'가 부채질을 해서 행동하게 만든 것이다.

보통의 사람들은 대부분 남 눈치를 많이 보고 튀는 행동을 하려고 하지 않고 그저 평범하게 조용히 살고 싶어 한다. 괜히 나서서 피해를 볼까봐 섣불리 행동하지 못하는 습성이 있다. 길에서 누군가 여성을 괴롭히고 있으면 마음속으로는 구해줘야지, 도와줘야지 하면서도 선뜻 나서지 못한다. 그때 누군가 나서서 말리게 되면 너도나도 몰려들어 가방으로 때리고 말리고 굉장히 난폭해 질 때도 있다.

내 안의 잠재의식 속에는 정의에 대한 욕구가 굉장히 큰데도 그 욕구를 표출하는 사람은 많지 않다. 그런 욕구를 표출하게 도와주는 것이 프로영업인들의 기술이 된다.

가려운 곳이 어딜까

양평 문호리에서 '리버마켓'이 매월 첫째, 셋째 주 주말에 열린다. 최근에는 셋째 주에만 열리는데 그곳엔 리버마켓 마니아도 있고, 가족끼리 소풍을 오거나 구경 나오는 사람도 많다. 대략 주말에 만 명 이상이

다녀가는 곳이다. 리버마켓에 참여하는 판매자는 110~130여 업체인데 거의 모두 직접 농사를 짓거나 옷을 만든다거나, 도자기, 떡, 공예품, 액세서리 같은 것들을 직접 만드는 사람들이다. 리버마켓의 입점요건의 첫 번째는 남의 물건을 떼다가 파는 사람이 아니라 직접 만들고 생산하는 사람이어야 한다는 것이다. 그곳에 가면 신기한 물건들도 많고 세상에 하나밖에 없는 작품들이 굉장히 많다.

그래서 리버마켓은 세계적인 박물관 못지 않고, 미술관 못지 않은 작품들이 많다. 거기다 북한강이 멋지게 흐르는 강변에서 열리기 때문에 마치 동화 속 나라처럼 행복한 풍경을 그려낸다. 이곳에서도 장사를 해보면 사람들의 심리를 볼 수 있는데 앞서 말한 퍼스트 펭귄이 존재한다. 물론 리버마켓에서는 인위적인 퍼스트 펭귄을 고용하지는 않는다.

장사를 하다보면 한 명의 손님이 이거저것 상품을 만지면서 가격을 물어보고 맛이나 요리하는 방법들을 물어보면 지나가는 사람들이 뭔가 하고 들여다본다. 그러면 한 명이 두 명이 되고 두 명이 네 명이 되면서 사람들이 몰리고, 저 멀리서도 뭔지 모르지만 그냥 마구 달려오는 경우도 있다. 그때 누군가 "용대리 황태 최고야, 이거 이런 곳에서 보기 힘든 상품인데 여기서 팔고 있네!" 하면서 한 명이 사면 그 순간 너도나도 달라고 아우성을 치는 광경이 자주 펼쳐진다. 그러면 옆에 있던 판매자들이 같이 와서 포장도 도와주고 돈도 받아주고 정신없이 물건을 팔게 되는데 이런 경우가 하루에도 몇 번 생긴다.

내가 가장 좋아하는 고객은 40~50대 주부들이다. 이분들은 목소리도 크고 물건을 살 여력도 많고 또한 황태를 좋아하는 연령대이기 때문에 적극적으로 물건을 구매하고 큰소리로 떠들면서 홍보를 해준다. 황태를 담아 줄 때는 흔한 검정색 비닐에 담아주는 것이 아니라 무광비닐로 보통의 비닐봉지보다 몇 배가 비싼 봉지에 담아준다. 그 봉지에 황태가 들어가면 은은하게 비쳐져서 사람들을 궁금하게 만드는 효과가 있다. 너도나도 황태 봉지를 들고 다니면 왠지 모르게 자신도 사야 될 것 같은 생각을 갖게 해서 장사는 불티나게 잘 된다.

점심 먹을 시간도 없이 장사가 잘 되기 때문에 내 부스에는 항상 사람들이 바글바글했다. 내가 생각 했을 때 130여 업체 중에서 매출이 상위권 안에는 들었을 것이다.

장사라는 것이 하루아침에 잘 되는 것이 아니라 주위의 조언도 잘 듣고 어떤 고객들이 오는지 잘 파악하고 분석해서 어떤 상품을 주요한 곳에 진열할 것인가, 어떤 말들을 강조하면서 말을 할까, 어떤 표정과 행동으로 고객을 대할지를 철저하게 만들어 나가야 한다. 이렇게 할 때 내 상품은 고객의 잠재적인 욕구를 깨워서 그들 품에 안기게 되는 것이다. 상품이 좋다고 무조건 장사가 잘 되는 것이 아니라 고객의 니즈를 잘 파악해서 정확히 표현해주면 고객은 알아서 물건을 사게 되어 있다.

고객의 숨은 욕구를 찾는 것이 요즘 기업들의 당면과제다. 고객의 가려운 곳을 긁어주는 것이 아니라 가려울 것으로 예상되는 부분을 미리 긁어주는 것이 고객의 잠재적인 욕구를 건드는 것이다.

리조트에서 법인팀장을 할 때 내가 맡는 기업들은 우리나라 30대그룹 중에서도 LG그룹, 동부그룹, 코오롱그룹 등 규모가 큰 상위 그룹들이었다. 그중에 한 통신 회사는 리조트를 많이 보유하고 있었다. 리조트의 활용은 직원들도 사용하지만 우수 고객에게도 혜택을 주는 용도였다. 고객들은 휴대폰 통신사로 L통신사를 사용하지만 통신과는 상관없는 리조트 사용을 하게 해주고, 여행을 할 수 있게 해주고, 또한 전자제품을 싸게 살 수 있게 해주는 등 여러 서비스를 하고 있었다.

언뜻 보면 통신사와 무슨 상관이 있을까 하고 생각할 수 있지만 이러한 부가적인 서비스가 기존 회원뿐만 아니라 잠재적인 고객들을 불러올 수 있는 것이다.

요즘 기업들에게는 다양한 고객서비스로 고객들이 갖고 있는 잠재적인 욕구를 통찰해서 새로운 마케팅과 상품을 개발하는 것이 중요한 전략과제이기도 하다.

고객은 언제든지 떠날 준비가 되어 있다고 강조한다. 그런데 그 떠날 준비가 되어 있는 고객을 내게로 오게 하는 나만의 기술을 만들고 잠재적인 욕구를 폭발시킨다면 당신은 이미 판매왕이 되어 있을 것이다.

상품에 권위를 부여하라

최고의 권위는 고객추천

우리나라는 가부장적인 요소가 많은 사회다. 물론 지금은 많이 좋아졌다고 하지만 집안 곳곳에 가부장적인 요소들이 가득 차 있다.

예전에 흥행했던 영화 〈두사부일체〉는 두목과 스승과 아버지는 하나라는 말로 조직세계에서 두목을 스승과 아버지만큼 권위를 쳐주었다. 우리에게는 아버지 또는 어머니, 그리고 조직세계에서는 두목, 나라에서는 대통령, 학교에서는 선생님, 교수님 등 많은 사람들이 바로 '권위'라는 것을 갖고 있다.

권위라는 말은 어느 개인, 조직, 관념이 사회 속에서 일정한 역할을 담당하고 그 사회의 구성원들에게 널리 인정되는 영향력을 말하는데, 종교적으로나 철학적으로 여러 가지의 뜻이 있다. 그래도 우리가 상식적, 보편적으로 권위라고 하면 말 그대로 다른 것보다 더 영향력을 끼칠 수 있는 것이라고 할 수 있다.

어떤 사람은 권위가 있다, 저 사람은 권위가 있다는 등 보통 특정한 인물에 주어졌던 단어가 요즘은 특정상품에도 권위를 부여하면서 다른 상품보다 더 위용이 있게 포장을 한다. 그렇다면 이러한 보통의 상품에 권위를 부여한다는 것은 어떤 뜻일까?

권위라는 것은 나 스스로 붙일 수도 있지만 신뢰성이 조금 떨어지고 다른 사람이 붙여줘야 비로소 권위라는 것이 있어 보인다.

우리가 판매하는 상품에 권위를 부여하는 것은 기업이나 영업사원이 붙일 수도 있지만 고객이 직접 권위를 붙일 수 있게 유도하는 것이 가장 효과적인 방법이다.

리조트 영업을 할 때 나는 매년 우수영업상을 받고 고객관리도 잘하는 것으로 평판이 나 있었다. 고객이 회사에 불평불만을 한 번도 한 적이 없었고, 고객이 원하는 날짜와 장소에 예약도 잘 해주었기에 고객관리 부문에서는 단연 최고였다고 스스로 자부했다. 물론 고객들의 나에 대한 평판이 아주 좋았다. 그래서 고객들이 주위 친구나 지인들에게 추천을 많이 해주었다.

고객 주위에 리조트에 관심이 있거나 구입 의사가 있는 친구들에게 내 소개를 아주 멋지게 잘 해주었는데 소개받은 고객들이 이렇게 이야기를 한다. "김 팀장은 회사에서도 우수사원이고 영업도 잘하고 특히나 고객관리를 아주 잘해서 특별하게 소개시켜 주는 거야"라고 소개받았다고 한다.

이렇게 소개를 받고 오는 고객은 나에게 신뢰를 갖고 오기 때문에 상품설명을 할 때에도 집중해서 듣고 내가 판매하는 상품에도 신뢰를 갖고 있다. 고객은 나에게 권위를 부여해 준 것은 물론 더불어 내가 파는 상품까지도 덩달아서 권위를 올라가게 해 준 것이다.

'고객추천'이 그 자체로 권위를 주는 요소가 되는 것이다.

고객추천은 영업하는 사람들이 가장 선호하고, 베테랑 영업사원들은 고객추천의 힘으로 실적을 많이 올리고 있다.

고객추천을 받기 위해서는 엄청난 노력이 필요하다. 고객과의 인연을 소중히 해서 가끔 연락도 하고 문자도 보낸다. 제일 중요한 것은 고객이 원할 때 필요한 것을 잘 도와주는 것이다. '고객추천'은 영업의 꽃이라고 할 수 있다.

기업에서나 온라인으로 상품을 팔 때에도 추천인을 많이 활용하고 있다. 추천인에게 추천을 받고 오면 할인을 해준다거나 사은품이라도 하나 더 챙겨준다. 그렇기 때문에 추천을 해주는 경우도 많다.

사람들은 다른 사람에게 함부로 누군가를 소개시켜주지 않는다. 내가 믿을 만한 사람이고 신뢰가 가는 사람이어야 소개를 시켜준다. 또한 리조트 같은 상품은 그 방면에 전문가여야만 소개를 시켜주게 된다. 내가 모든 것을 갖췄지만 전문가가 아니라면 그냥 좋은 사람이라는 명성은 갖게 되지만 전문가라면 추천받은 고객들이 나를 철저히 믿고 의지하게 된다.

또한 상품에게 권위를 주는 말들도 있다. 그중에 '새롭다, 최신, 최초, 특별하다' 등이 상품에 권위를 주는 말들이다.

인터넷으로 휴대폰을 검색하거나 영화를 검색할 때 가장 많이 쓰는 단어가 '최신'이라는 단어다. 검색창에 '최신'이라는 단어를 쓰면, 최신폰, 최신미드, 최신영화, 최신개봉작, 최신시설, 최신가요, 최신노래 등등 수없이 많은 최신이라는 말이 나온다.

사람들은 오래된 것보다 새롭고 최근에 나온 것들을 더 선호한다. 왜냐하면 최신이란 단어가 들어가면 그 상품은 최근에 가장 좋은 기능만 넣었거나 남들이 먼저 보거나 갖지 않은 상품일 거라는 착각을 하게 만들기 때문이다. 물론 대부분이 착각이 아니라 사실이다.

내가 에스원 세콤에서 영업을 할 때 고객들이 가장 많이 물어봤던 것이 "이것이 최신형입니까?"라는 말이다. 이 물음에 들어 있는 속뜻은 요즘 범죄가 많고 보안이 쉽게 뚫리는데 그런 것들을 모두 보완해서 만든 새로운 상품이냐는 뜻이다. "이번에 새로 개발해서 다른 업체에서는 생각지도 못한 최상의 보안프로그램을 적용해서 어떤 침입자도 막을 수 있는 아주 특별한 기능이 있는 상품입니다"라고 강조를 한다. 이렇게 내가 한 말 속에 '새롭다, 최상이다, 특별하다'라는 단어를 넣어서 소개하면 상품에 권위를 올려주게 된다. 그러면 고객은 나도 모르게 그 상품을 굉장히 매력적으로 바라보게 된다.

영업사원들은 상품을 소개 할 때 단어 선택을 아무거나 해서는 안 된다. 내가 파는 상품이 고객에게 새롭고 특별하게 느낄 수 있도록 끊임없이 연구해서 한마디 한마디를 정성껏 말을 했을 때 고객은 자신도 모르게 그 말들에 공감하여 상품을 구매하게 되는 것이다.

단순이 '이 상품을 사면 좋아요', '다른 사람들도 주로 이 상품을 써요', '하나 장만 하세요' 등등 생각도 하지 않고 그냥 떠들어 대는 말들은 고객에게 어떤 영향도 주지 못한다. 그렇지만 '최신'이나 '새롭다', '특별하다' 같은 권위를 주는 단어를 적절히 섞어서 말을 하게 되면 고객은 자신도 모르게 그런 단어들이 뇌리에 박혀서 더욱 믿게 된다.

상품에 권위를 부여한다는 것은 자체적으로 부여하는 것과 타인이 붙여 주는 것 두 가지로 볼 수 있고 둘 중에 더 위력이 있는 것은 당연히 타인이 붙여주는 권위다. 내가 백날 말해봤자 알아주는 사람이 없다면 아무 의미가 없는 것이고, 다른 사람들이 내 말에 호응하고 믿고 신뢰를 한다면 나는 그 분야에서 권위를 갖게 된다.

영업사원들은 자신의 분야에서 철저하게 공부하고 전문가가 되어서 고객들에게 또는 직원들에게 권위를 부여받아야 한다. 그러면 내가 파는 모든 상품은 권위 있는 상품이 되는 것이다.

상품에 '에피소드'를
입혀라

에피소드 설득

에피소드(일화)라는 말은 두산백과에 따르면, "그리스어 에페이소도스(epeisodos: 추가해 넣는 것)가 어원이며 고대 그리스에서 합창대의 노래와 노래 사이의 대화 부분을 에피소드라 한다고 아리스토텔레스의 《시학(詩學)》에 규정되어 있다. 오늘날의 문학이나 영화에서 원줄기에 별로 관계없는 이야기가 삽입되어 작품에 변화를 주거나 내용을 풍부하게 주기 위하여 이용되기도 하나 때로는 플롯에 중요한 결과를 초래하도록 삽입하는 수도 있다. 음악에서는 간주(間奏)·삽구(揷句)라고 하며 악곡에 있어 한 주제로부터 다른 주제로 옮겨가는 사이에 삽입되는 부분을 말한다."

사람들은 내게 이렇게 많이 물어본다. "영업하면서 많은 일들이 있었을 텐데 기억나는 에피소드 한두 가지만 말씀해 주시겠어요?" 물론 수없이 많은 에피소드들이 있다. 20년 가까이 본격적인 영업을 책상에서가 아니라 실전에서 경험했기 때문에 다양한 사람들을 만나고 다양한 경험을 하면서 실패와 성공을 반복하면서 성장했다.

누구나 자기만의 에피소드가 존재한다. 다만 그것을 특별하게 생각하지 않기 때문에 평범하다고 생각하지만, 누군가에겐 정말 특별한 경험의 이야기가 될 수 있다.

스토리텔링이라는 기법이 있다. '이야기는 어떤 논리적인 설득보다도 사람의 마음을 움직이는 힘이 강력하다. 그래서 요즘 스토리텔링이 다양한 분야에서 주목을 받고 있다. 대중 스피치에서도 스토리텔링은 매우 고전적이면서 효과적인 커뮤니케이션 형태다. 스토리텔링은 정보를 단순히 전달하는 것이 아니라 전달하고자 하는 정보를 쉽게 이해시키고, 기억하게 하며, 정서적 몰입과 공감을 이끌어내는 특성을 가지고 있기 때문이다.'

이와 같이 에피소드와 스토리텔링을 조합해서 내가 판매하는 상품에 입히게 되면 고객은 더 쉽게 이해하고 즐겁게 상품을 구매할 수 있다.

지하철에서 칫솔을 팔았을 때의 일이다. 10개짜리 한 세트를 천 원에 팔았는데 그 당시 이 상품이 처음 나왔을 때 노점상들에게 스토리를 만들어서 배포한 적이 있었다.

"안녕하십니까? 제가 오늘 여러분들에게 소개드릴 획기적인 상품은 딱딱한 막대기에 털이 빽빽이 붙어 있는 상품입니다. 무엇일까요? 이상한 상상하지 마세요. 바로 칫솔입니다. 이 칫솔은 최고급 칫솔모보다 부드럽고 손목 그립감이 우수하고 뒤에 보시면 메이드인코리아라고 영어로 적혀있습니다. 네, 바로 수출하는 상품입니다. 단돈 천 원에 모시겠습니다. 왜 이렇게 싸냐! 너무 많이 만들어서 회사가 부도가 났습니다. 오늘 행운의 주인공을 모시겠습니다. 단돈 천 원입니다!"

승객들은 어이없이 웃기도 하면서 칫솔을 사갔다.

고객들은 낯선 사람에게 경계심을 갖고 있기 때문에 그런 경계에 유머를 곁들여서 말을 하면 그 경계가 쉽게 풀어지고 관심을 갖게 된다. 어릴 때 할머니나 엄마가 옛날이야기를 해주면 너무나 신기하고 재밌어서 모든 이야기를 믿고 들었다. 이야기의 힘은 대단하다.

'친구를 소중히 여겨야 한다, 친구를 위해서는 목숨도 바쳐야 한다!' 이렇게 평범하게 설득하는 것과 한 남자 아이와 애완견의 우정을 그린 〈플랜더스의 개〉를 읽게 하는 것을 두고 어떠한 차이가 있는지 알아보았다. 결과는 단지 우정의 소중함을 설명하는 것보다는 이야기를 읽게 해서 우정의 소중함을 설명하는 쪽에 설득 효과가 높게 나왔다. 이솝 우화도 역시 추상적인 교훈보다는 에피소드를 곁들이기 때문에 인기가 많은 것이다.

구체적이고 선명한 인상을 주는 에피소드는 마음을 움직이게 하는 힘을 가지고 있다. 에피소드가 자신이 어필하고 싶은 상품과 잘 맞아떨어진다면 그 효과는 배가 된다.

마음과 기억을 사로잡는 법

앞서 한 번 말했던 '소노펠리체'라는 상품을 분양을 하고 있을 때다. 야심차게 중상층 이상을 겨냥한 40평 이상의 고급 상품으로 평균 1억 이상의 고가 리조트였다.

어느 날 고객과 상담을 하는데 "소노펠리체가 무슨 뜻이 예요?"라고 물어보는 것이었다. 그 당시 리조트 업계에서는 기존의 리조트 이름을 고급화하는 의도로 이태리어나 스페인어로 만들던 시기였다. 그래서 대명리조트에서는 '소노펠리체(Sono Felice)'라는 이름으로 리조트 브랜드를 만들었는데 이태리어로 '나는 행복하다'라는 뜻이었다. 리조트에 들어가면 고객들이 느끼는 감정을 브랜드로 만들었기 때문에 사람들은 괜히 기분이 좋아진다며 마음에 들어 했다.

대명리조트는 쏠비치, 소노펠리체, 델피노 등의 이름을 만들었고, 한화리조트는 설악쏘라노, 용인베잔송, 거제벨버디어라는 네이밍으로 각 리조트마다 특색을 담아서 스토리가 있는 리조트로 재탄생을 시켰다.

이름은 조금 생소하고 어렵지만 리조트를 이용하면서 이름에 담긴 스토리를 들으면 왠지 더 멋있어 보이는 효과가 크다. 그래서 우리나라나 세계의 여러 유적을 둘러보면 대부분 '유래'라는 큰 안내판으로 역사적인 이야기를 재밌게 적어 놓은 것들이 많다. 그런 유래를 읽어보면 그 유적지나 사찰 또는 보물들을 더 쉽게 기억하고, 보는 사람의 마음을 더 깊게 만든다.

이랜드에서 근무할 때 그룹에서 운영하는 설악 스타호텔에 간 적이

있었다. 처음 간 곳이라
총지배인이 호텔을 전체
적으로 설명을 해주었는데
각 층마다 특색이 달랐다. 그
곳엔 우리나라뿐만 아니라 세
계적인 스타들의 애장
품과 각국 정상의 선물
들이 진열되어 있고
비틀즈의 애장품들도
많이 갖고 있었다.

그런데 더 독특한 것은 호텔의 각 방마다 스타들의 이름이 적혀 있다는 것이다. 5층은 스포츠스타들, 6층은 각국의 대사들, 7층은 가수와 TV스타들, 8층은 영화배우, 음악가로 채워져 있다.

국내 연예인으로는 유인촌, 안성기, 이미숙, 한석규, 최불암, 김혜자, 박상원, 김혜수, 채시라, 류시원, 차인표, 신애라, 최수종, 하희라, 주현미, 인순이, 산울림, 윤형주, 양희은, 이문세, 김건모, 신승훈, 정 트리오(정명훈, 정명화, 정경화), 유진박, 손기정, 황영조, 김수녕, 현정화, 허정무, 이영무, 박철순, 황선홍, 김주성, 안정환, 박세리, 이종환, 박영석, 조훈현 등등 수많은 스타들의 이름으로 된 방들이 있는데 방 앞에는 그들의 애장품이나 트로피, 음반, 사진 등이 전시되어 있다. 실제로 그 스타들이 묵었던 방들이다.

총지배인 말로는 아주머니들에게 인기가 가장 좋은 방이 '신승훈'방이라면서 예약이 밀려있다고 했다. 호텔의 각방에 스타들의 에피소드나 스토리를 넣어서 사람들에게 좋은 추억과 행복을 선사하려는 전략이 잘 맞은 사례였다.

하와이에도 영화배우 정준호 호텔이 있다는 기사를 본 적이 있다. 그 호텔 룸도 한국 연예인들의 이름을 넣은 방들이 있어서 인기가 아주 좋다고 한다.

어떠한 상품에 이야기를 넣고 추억을 입히면 그 상품의 시너지 효과는 어마어마해진다. 우리가 상품을 팔 때에도 에피소드나 이야기를 잘 넣어서 판매하면 고객은 더 친근하고 쉽게 구매를 한다. 이를 심리학에서는 '에피소드 설득'이라고 한다.

상품이 돋보이도록 포장하라

마지막엔 깨소금

요즘 사람들은 먹는 것을 좋아한다. 물론 먹는 것은 예나 지금이나 항상 좋아했지만 요즘은 TV를 켜면 음식 관련 프로그램이 넘쳐난다. 맛도 좋고 가격도 착한 식당들이 줄지어 소개된다. 그런데 막상 가보면 생각했던 것과는 사뭇 다른 음식점들이 많다.

언제부턴가 우리의 생활수준이 높아지면서 양보다 질을 더 중시하는 시대가 됐다. 하나를 먹더라도 제대로 된 음식을 먹고 싶어 하고, 맛있는 음식이지만 구멍가게처럼 허름한 장소가 아닌 예쁘게 꾸민 멋진 음식점을 가고 싶어 하고, 음식의 접시나 가구가 멋진 곳을 선호하게 됐다. 나 역시도 보통의 식당보다는 좀 더 세련되고 깔끔한 식당을 선호한다. 대부분의 이런 식당은 당연히 맛도 좋다.

나는 요리하는 것을 좋아하기 때문에 가끔 부모님 생일상이나 아내의 생일상, 아들의 생일상을 차려주곤 한다. 요리를 할 때 가장 중요한 것은 첫째는 정성이 들어간 맛이고, 두 번째는 식탁에 어떻게 내놓느냐이다. 음식을 맛있게 만들고 음식에 맞는 접시를 잘 선택하여 깨끗하고 먹음직스럽게 담아내고, 마지막으로 음식에 포인트를 준다. 검은깨나 참깨를 뿌린다든가, 바질가루나 견과류로 마지막 신의 한 수를 놓는다. 그러면 먹는 사람은 먼저 눈으로 맛있게 먹기 때문에 더 큰 만족을 한다.

가끔 아내는 그냥 대충해서 달라고도 한다. 그래도 마지막 포인트는 꼭 예쁘게 해서 준다. 혼자 음식을 해먹을 때도 그런 것들이 습관이 돼서 떡볶이나 볶음밥을 해서 예쁘게 접시에 담고 마지막엔 깨를 뿌려 장식한다.

상품을 돋보이게 하는 것은 어려운 일이 아니다. 간단하게 포인트를 하나만 줘도 그 상품은 몇 배의 가치로 올라간다. 또한 상품에 가치를 얹어주면 상품은 날개를 단 듯 돋보이게 된다.

상품은 눈에 보이는 상품이 있고 눈에 보이지 않는 무형의 상품이 있다. 눈에 보이는 상품에는 포인트를 줘서 돋보이게 할 수 있고 눈에 보이지 않는 상품에는 가치를 넣어주면 상품이 돋보이게 된다.

나는 LG, 삼성, 대명, 이랜드, 한화에서 직장생활을 했다. 이러한 기업들은 고유의 브랜드가 있고 기업명만 말해도 전 국민이 아는 브랜드

가치를 갖고 있는 기업들이다. 이러한 가치는 하루아침에 만들어지는 것이 아니다. 오랜 시간 동안 기업이 추구하는 것을 온전히 잘 추구할 때 브랜드는 가치가 생기고 높아진다.

리조트에서 근무할 때 고객이 이런 질문을 했다.

"요즘 리조트는 회원권이 없어도 친구나 회사에서 빌려서 갈 수도 있는데 군이 분양받을 필요가 있나요?"

보통의 사람들은 다들 그렇게 생각하는 경우가 많다. 그런데 실상은 그렇지가 않다.

"회원권도 없이 아무나 회원권을 빌려서 갈 수 있다면 얼마나 좋겠습니까? 그런데 저희 리조트는 철저한 회원관리로 아무나 갈 수 없는 곳입니다. 개인회원들은 화상등록이 되어 있어서 회원 본인이 오지 않으면 회원요금이 아닌 회원대여 요금으로 비싸게 입실해야 합니다. 다른 리조트들은 이런 시스템이 갖춰 있지 않기 때문에 회원이 예약하고 다른 사람들이 가도 확인할 방법이 없어서 아무나 다 입실이 가능한 곳도 있지만 저희 리조트는 회원의 권익이 중요하기 때문에 철저한 관리를 통해 회원권의 가치를 높이고 있습니다. 그래서 저희 리조트 회원권은 시장에서 가치가 높다고 평가되고 아무나 들어갈 수 없는 곳이라고 정평이 나 있습니다. 그래서 회원들이 회원권에 자부심을 느끼고 있습니다."

사실이다. 회원이 저녁에 온다거나, 오고 있다거나 얼버무려도 입실은 가능하지만 회원이 직접 와서 프런트에 확인이 되지 않으면 회원요금 적용을 못 받았다. 그래서 불평을 하는 고객들도 있지만 그런 불평이 오히려 회원권의 가치를 높이고 꼭 갖고 싶은 회원권으로 만들어주는 요인이 된다.

사람들의 순간적인 불평을 해결하려고 그 상황을 모면하면 상품의 브랜드나 가치가 떨어지게 된다. 장기적인 안목을 갖고 처음엔 조금 힘들겠지만 조금씩 정착이 되면 그때 진짜 가치가 나온다.

아무나 소유하고 누구나 갖고 있다면 그것은 어떤 의미도 없는 것이다. 그 상품만의 가치가 충분히 내재되어 있어야 상품에서는 보이지 않지만 돋보이게 되는 것이다.

피드백이 메인요리다

유형의 상품에도 돋보이게 하는 방법이 성행하고 있다. 과거에 보면 과도한 포장으로 물의를 빚는 상품들이 많았다. 예를 들어 과자류에 질소포장을 강조하고, 과자가 다칠까봐 칸막이를 했다는 식으로 회사들이 꼼수를 부렸던 경우가 있었다. 결국 고객들의 항의로 2013년 7월부터 과대포장규제가 시행됐지만 여전히 잘 지켜지지 않고 있다.

포장은 상품을 돋보이게 하는데 정말 중요하다. 선물을 받았을 때 신문지에 둘둘 말아서 갖다 주는 것보다 예쁜 포장지에 리본을 달고 손으로 쓴 카드를 넣어 줬을 때 상품의 내용보다 포장지와 리본, 그리고 예쁜 카드에 더 감동을 받는다. 단순히 포장만 하는 것이 아니라 그 포장에 포인트를 주고 정성과 마음을 담았을 때 받는 사람의 행복은 배가 된다.

영업을 하면서 상품을 돋보이게 할 때는 눈에 보이는 포장지나 리본 등으로 포인트를 줘서 돋보이게 하기도 하지만 더 중요한 것은 상품에 어떤 말을 덧붙이냐에 따라 상품이 돋보이게도 되고 돋보이지 않게도 된다.

사람들은 어떤 일들을 장황하게 설명하면 '포장 좀 그만해라!'라는 말을 한다. 왜냐하면 너무 장황하면 진심이 느껴지지 않고 요즘 표현으로 'MSG(조미료)를 쳤다'고 한다. 상품의 보이지 않는 것을 설명할 때는 장황하게 없는 것을 있는 것처럼 이야기하는 것은 아주 위험한 일이다. 정확한 사실을 간단하고 임팩트 있게 설명하는 것이 진정으로 상품을 돋보이게 하는 방법이다.

리조트 회원권을 분양받으면 회원카드와 각종 신규혜택 쿠폰을 받게 되는데 나는 이왕이면 직접 전해주는 것을 원칙으로 하고 있고, 멀리 지방이라면 꼭 손편지를 써서 내 마음을 전하기도 한다.

고객과의 계약도 중요하지만 계약 이후의 영업사원의 관리가 더 중요하다. 얼떨결에 계약을 하긴 했지만 회사나 영업사원에게 어떠한 피드백도 없으면 고객은 실망하게 된다.

몇 만 원짜리 상품을 사도 고객은 관심 받고 싶어 하는데 하물며 몇 천만 원짜리 상품을 구매했는데 계약 후에 아무 피드백도 없다면 고객은 크게 실망을 하게 되고 때로는 불신까지 생길 수도 있다. 항상 상품을 판매 했을 때는 다시 한 번 피드백을 주는 것이 중요하다. 그것이 상품을 더욱 돋보이게 하는 마지막 신의 한수가 되기도 한다.

그래서 주기적으로 문자나 전화, 편지로 고객관리를 해주면서 상품의 가치를 더 돋보이게 만들 수 있다.

사후 고객관리는 깨소금이다.

한정으로 소비자의 구매욕을 높여라

오늘만 초특가

가끔 홈쇼핑을 보면서 두근거릴 때가 있다. 내가 좋아하는 홈쇼핑 품목은 단연코 음식이다. 홈쇼핑에 나오는 배우들은 어찌나 맛있게 먹는지 TV속을 뚫고 들어가서 같이 먹고 싶은 충동이 한두 번이 아니다. 그리고 초특가라는 문구는 계속 뜨고 오늘만 이 가격이라는 말도 계속하고, 도무지 그 말이 모두 맞는지 확인도 안하고 나는 휴대폰을 누르고 있다. 그리고 마감 임박이라는 문구가 뜨면 손가락은 더 빨라지고 초조하기까지 하다.

왜 그럴까? 결국 주문을 마친 후 안도의 한숨을 쉬고, 잠시 가만히 있으면 '내가 도대체 무슨 짓을 한 거지? 나 혼자 저걸 어떻게 다 먹겠다고 주문을 한 거지?' 하며 순간 멍할 때가 있다.

인간의 심리는 어릴 때부터 마감이나 선착순 등에 길들여져 있다.

예전에 초등학교 운동회에서 하이라이트는 이어달리기와 개인달리기였다. 달리기를 하면 결승선에서 손목에 도장을 찍어주었다. 운동회를 마치면 1, 2, 3등만 공책이나 연필 등의 학용품을 시상했다. 선착순달리기도 보통 1, 2, 3등만 열외 시켜줬고, 모든 게임이나 시상식도 대부분 1, 2, 3등만 주고 올림픽도 역시 금, 은, 동 세 명에게만 그 영예를 허락한다.

우리가 자라면서 보고 느끼는 모든 것이 숫자로 한정적으로 정해져 있기 때문에 어린이나 어른이나 모두 순위 안에 들어가려고 그렇게 치열하게 싸우고 있다. 그래서 우리는 '선착순'이나 '한정 상품'에 노예가 된 듯하다.

리버마켓에서 장사를 할 때였다. 명색이 용대리 황태를 파는 '황태가'인데 주 종목인 황태포는 잘 팔리지 않고 왕노가리, 황태채, 쥐포같은 것이 더 잘 팔렸다. 물론 요즘 사람들은 황태포를 다듬고 요리 해먹는 것을 힘들어하기 때문에 황태포는 잘 팔리지 않는 것이 맞다고 생각을 했고, 명절이나 특별한 선물을 할 때만 팔린다고 생각하고 있었다. 그리고 용대리에서 장사하는 분들도 요즘은 황태채가 잘 나가고 황태포는 덜 나간다는 말을 많이 했다. 그래도 나는 항상 황태포를 가장 중앙에 진열하고 황태포를 사라고 열심히 떠들어 댔다. 그런데 여전히 황태포보다는 황태채를 더 선호하는 것이었다.

그래서 새로운 방법을 쓰기로 했다. 바로 한정판매 이벤트를 열기로 했다. 황태포 앞에 이렇게 문구를 붙였다. '오늘만 이 가격, 10개 한정 초특가 판매!' 그리고 지나가는 손님들에게 크게 외쳤다.

"오늘만 이 가격 10개 한정입니다. 몇 개 남지 않았습니다. 지금 바로 기회를 잡으세요~!"

평소에 황태포는 하루에 1~3개 정도 팔렸다. 그래서 5개만 팔리면 좋겠다고 생각했다. 그런데 평소와 다르게 황태채를 둘러보던 사람들이 황태포를 만지고 있었다. 그리고 내게 묻는다.

"오늘 초특가로 판매하는 거예요? 몇 개 남았어요?"

"오늘 초특가 맞습니다. 지금 3개밖에 남지 않았어요!"

물론 아직 한 개도 팔리지 않았다. 진열대 위에는 3개만 꺼내 놨었다. 손님은 진열대에 3개만 있는 것을 보고 뭔가에 쫓기듯이 빨리 하나 달라고 말했다. 그리고 황태채도 함께 사가는 것이 아닌가? 그 모습을 지켜보며 옆에 있던 아주머니도 덩달아서 하나 달라고 했다. 순식간에 2개나 나갔다. 나는 곧바로 진열대 위에 황태포를 3개로 채워놓고 다시 판매를 시작했다.

점심시간도 안 됐는데 그날 가져간 20개의 황태포가 모두 팔렸다. 내가 팔았는데도 믿어지지가 않았다. 그래서 가져온 박스들을 다시 뒤져 봤는데 평소에 평균적으로 판매됐던 황태포가 10배로 잘 팔리는 것이 아닌가? 역시 사람들의 심리는 무시 못하는 것이었다. 그 후로 항상 황태포는 한정판매를 했는데 그것을 왜 맨날 한정판매냐고 따지는 사람은 없었다. 손님은 늘 새로 왔기 때문에 그렇게 물어보는 사람은 없었던 것이다.

그런데 한정 상품이라고 하면 가격이 무조건 싸야만 쉽게 결정하는 것인가? 그렇지 않다. 가격은 문제가 되지가 않는다. 고가의 상품도 한정판매를 하면 순식간에 팔 수 있다.

한정은 고객의 결정 장애를 해결한다

리조트에 근무할 때 '전용객실'이라는 상품이 있었다. 보통 리조트는 5~12명이 나눠서 분양을 받는 경우가 대부분인데 전용객실은 자신의 세컨드하우스로 사용할 목적으로 혼자서 단독으로 분양받는 상품이었다. 전용객실을 설계하기 전에 서울에 있는 고급아파트를 대상으로 설문조사를 했었다. 도곡동의 타워팰리스, 청담동의 고급 빌라, 잠실의 고급 주상복합 아파트 등 시가 10억 이상의 아파트나 빌라를 대상으로 설문조사를 했는데 그중에 이런 내용이 있었다. '만일 세컨드하우스로 홍천에 전용객실을 갖는다면 몇 평을 선호하십니까?'라는 질문이었다. 그 설문에서 대다수가 50평형을 선호한다고 답했다. 설문지를 쓴 사람들 대부분이 50평 이상의 아파트에서 거주를 하고 있었기 때문에 자신의 집보다 조금 작거나 조금 큰 것을 선호한 것이다.

설문조사를 그대로 설계에 반영해서 50평형 전용객실을 만들었다. 물론 60평, 70평도 있었지만 주요 타깃은 50평형 고객으로 해서 마케팅을 시작했다. 마케팅의 첫 주인은 바로 설문조사 내용을 토대로 어필을 했다. 고객에게 '설문조사를 했더니 50평형이 가장 인기가 좋았고 지금 50평형이 10채밖에 남지 않았다'고 설명했다. 1채에 10억이 넘는 상품이었다. 10억이라는 돈은 그 당시 웬만한 서울에 있는 고급아파트를 살

만한 돈이었다. 그런데 한 달에 몇 번 쓸까 말까하는 세컨드하우스를 10억 넘는 가격에 살 사람이 과연 얼마나 있을까하는 생각을 했지만 그 것은 쓸데없는 걱정이었다.

보통사람들이 생각하는 10억과 큰 부자들이 생각하는 10억은 개념 자체가 틀린 것이었다. 50평형을 딱 10채만 짓고 분양을 스타트 했는데 2주일도 안 돼 완판 되었다. 다행히도 마지막 한 채는 내가 팔 수 있었 다. 50평형이 분양 마감이 되니 오히려 찾는 사람들이 더 늘어났다. 그 래서 리조트에서는 프리미엄이 붙거나 하는 일이 거의 없었는데 기이 하게도 웃돈을 줄 테니 구해달라는 고객들도 있었다.

세계적으로 명품이나 명차들은 '리미티드 에디션'이라고 해서 한정 상품을 만들고 상품에 커다란 명예를 준다. 세계적으로 한정 상품들을 모으는 수집가들이 많이 있고 우리나라에서도 세계적으로 몇 안 되는 자동차를 소유하고 있는 사람들이 꽤 있다. 그런 한정 상품들은 중고거 래에서 원래 가격보다 더 비싸게 거래되는 경우가 많고 재테크에 활용 되는 경우도 흔하다. 한정 상품이라는 것은 저렴한 상품부터 최고의 명 품까지 다양하다. 그렇지만 그 상품을 손에 넣으려는 사람들의 심리는 늘 흥분하고 설레서 자신도 모르게 구매하는 충동을 갖는다.

영업을 하면서 영업사원들은 이런 기법을 많이 사용하고 기업들도 많이 사용한다. 보험회사에서는 '이날까지만 특별한 혜택'을 적용하기 도 하고, 골프나 리조트에서는 '창립회원'이니 '1차 회원', '2차 회원' 하 면서 가격을 점점 올려 한정 분양을 이끈다. 물론 한정 상품을 한다고 해서 무조건 시장에서 호응이 좋은 것은 아니다.

사전 마케팅으로 소비자들의 성향을 파악하고 미래를 예측한 후에 한정 상품을 출시하면 실패가 없다. 그러한 소비심리가 아직도 고객들에게는 크게 작용하고 여전히 기업이나 영업사원들이 마케팅에 효과적으로 활용한다.

소비자의 구매욕을 높이기 위해서는 '지금 아니면 안 된다'는 살짝 조급한 생각을 갖게 하고 '몇 개 남지 않았다'는 마감 임박의 설렘을 주고, 마지막으로 상품을 소유했을 때의 행복을 함께 주면 고객은 자신도 모르게 상품을 구매하게 된다. 한정 상품의 매력이란 이런 것이다.

이메일, SNS를 통해
잠재 욕구를 이끌어내라

대세는 언제나 옳다

지금은 '스마트폰시대'라고 해도 과언이 아니다. 스마트폰을 보면서 가다가 나무에 부딪쳐 다치거나, 자동차 사고가 나기도 한다. 친구들을 만나도 대화보다는 스마트폰을 열심히 들여다보는 풍경이 흔하다. 모두가 스마트폰중독이 된 것처럼 하루에도 몇 번씩 들여다보고 또 들여다본다. 스마트폰으로 메일을 확인하는 사람도 있고, 쇼핑을 하는 사람도 있고, 책을 보는 사람, 음악을 듣는 사람, 뉴스를 보는 사람, 맛집을 검색하는 사람, 자신의 일거수일투족을 올리는 사람들이 있다.

많은 사람들이 스마트폰으로 하루를 시작해서 하루를 끝낼 정도로 스마트폰에 푹 빠져있다. 비단 젊은 층만 그런 것이 아니다. 지금은 70세, 80세 분들도 스마트폰으로 문자를 보내고 정보를 얻는다. 이처럼

스마트폰이 대세인 요즘 SNS(Social Network Service)마케팅이 생활 깊숙이 자리 잡고 있다.

SNS마케팅에는 이메일, 문자, 카카오톡, 카카오스토리, 페이스북, 인스타그램, 블로그, 카페, 트위터 등이 가장 많이 활용된다. 나 역시도 위에 언급한 모든 방법을 거의 다 활용하고 있다. 매일매일 나의 일상을 올리고, 좋은 책의 감상평이나 나누고 싶은 정보가 있으면 올리면서 하루에도 수십 번 들락날락하면서 많은 것을 공유한다. 물론 나도 다른 사람들의 일거수일투족을 들여다보기도 한다. 그러다 보면 궁금한 것들이 생기고, 갖고 싶은 것이 생기고 바로 주문해서 택배로 받는 경우도 많다. 특히 충동구매 같은 것도 많이 하게 된다.

예전에 전혀 모르는 보험영업사원한테 문자를 받은 적이 있다. 내용은 특별한 것이 없이 그냥 안부인사와 세상사는 이야기가 조금 들어 있었다. 그래서 별 관심 없이 모르는 사람이 보냈으니 신경을 안 썼다. 그런데 한 달 후에 또 같은 사람이 문자를 보내 왔다. 그것도 같은 시간에. 그래서 조금은 호기심이 갔지만 보험에 관심도 없어서 신경을 안 쓰기로 했다. 그런데 그 영업사원은 매달 말일 같은 시간에 문자를 보내는 것이 아닌가? 무려 1년을 넘게 문자를 받았고 한 번도 답장을 해준 적도 없었다.

그런데 갑자기 보험을 하나 가입해야 할 일이 생겼다. 나도 영업을 하고 있기 때문에 주위에 보험영업 하는 사람은 많이 있었다. 대부분 친인척 가운데 한 명 정도는 보험영업을 하는 사람들이 꼭 있을 것이다. 그런데 그날따라 내게 문자를 보내주는 영업사원이 생각났다. 매번 좋은 글도 보내주고 1년을 넘게 꾸준히 문자를 보내주는 것이 고마웠다. 그래서 처음으로 답장을 했다. 보험을 하나 들으려고 하는데 미팅을 할 수 있겠냐고 조심스럽게 물어봤고 그 보험영업사원과 1년이나 넘은 후에야 처음 만나서 보험 계약을 했다. 꾸준히 문자를 받으면서 배운 점이 있었다. 어떤 대가도 없이 꾸준히 좋은 문자를 보내도 사람의 마음이 움직인다는 것을 알게 되었다.

물론 요즘은 그런 사람이 거의 없다. 시대가 너무나 빨리 변하고 무언가를 꾸준히 끈기 있게 하는 영업사원들이 드물다. 한 가지 해보고 안 되면 또다시 다른 방법을 해보고 끊임없이 자신의 영업방법을 찾지만 매번 헛바퀴 돌듯이 늘 그 자리다.

내가 리조트 영업이나, 개인사업(황태매장)을 할 때 가장 많이 활용해서 실적을 얻은 것은 개인 문자와 이메일이었다. 예로 든 보험영업 사원처럼 꾸준히 지인이나 회원들에게 특가상품이나 마감 임박한 상품이 생기면 어김없이 문자와 메일을 보내서 영업에 많이 활용했다.

리조트 영업을 할 때 이메일 마케팅을 한 적이 있었다. 이메일 마케팅에서 좋은 점은 내가 원하는 연령층, 원하는 지역에 원하는 수량을 한 번에 보낼 수 있다는 것이다. 물론 이런 것은 마케팅을 대행해 주는 서비스업체가 따로 있다. 내 상품에 맞는 고객을 정확히 골라서 수시로 이메일을 보내면 관심이 있는 사람들은 메일을 열어보고 관심이 없는 사람은 열어보지도 않고 삭제한다. 여기서 관심이 있어서 열어본 데이터만 추려서 다시 메일을 지속적으로 보내면 확률이 굉장히 높아진다.

또 하나 유행했던 것이 빅데이터를 활용한 고객 접근 방식이었다. 빅데이터라는 것은 '과거 아날로그 환경에서 생성되던 데이터에 비하면 그 규모가 방대하고, 생성 주기도 짧고, 형태도 수치 데이터뿐 아니라 문자와 영상 데이터를 포함하는 대규모 데이터를 말한다.' 쉽게 말해서 어떤 한 사람의 먹고 자고 관심 있는 영화, 쇼핑, 스포츠, 여행, 교육, 보험, 자동차 등등 수많은 관심사를 데이터화해서 그 사람에게 최적의 정보를 제공하는 것인데 여러분들도 경험을 해본 적이 있을 것이다.

네이버에서 대학원이나 편입에 관련해서 검색을 하고 둘러봤는데, 다음날 그와 상관없는 자동차를 검색할 때 편입에 관한 배너들이 검색창에 따라다니는 경우가 그런 것이다. 모르는 사람들은 신기하게 생각한다. 어제 검색했던 내용들이 오늘 내 컴퓨터 화면에서 배너로 따라다니고 있으니 얼마나 신기한가? 그런데 사실 이것은 조금 무서운 일이다. 바로 빅데이터를 활용해서 누군가 내게 마케팅을 하고 있다는 것이다.

개인컴퓨터는 고유의 IP 주소가 있어서 그 IP주소로 어떤 것을 검색하고 어떤 일을 했는지 모든 것이 데이터로 남게 된다. 이것을 수집해서 마케팅으로 활용을 하는 것이 바로 빅데이터 마케팅이다. 사람들은 나도 모르게 계속 리조트 배너가 뜨니까 잠재의식 속에 각인이 계속되면서 결국엔 리조트를 분양받는 일까지 생기는 것이다.

나 역시 빅데이터 마케팅이 처음 시도될 때 그것을 활용해서 영업을 했던 기억이 있다. 누군가 우리를 끊임없이 관찰을 하고 엿보는 느낌이 들기 때문에 구글에서 빅데이터를 활용한 기술을 선보였을 때 많은 사람들이 반감을 표하며 안 된다고 아우성을 치기도 했다. 그런데 결국은 그 기술이 이미 우리 생활 속에 들어와 있는 것이다.

또 하나는 블로그 마케팅이다. 지금도 블로그 마케팅은 어마어마한 영향력을 행사하고 있지만 예전에도 파워블로거들의 업계 영향력은 대단했다.

한화리조트에 근무했을 때 설악쏘라노를 오픈할 당시 파워블로거들을 대거 초대했다. 식사를 대접하고 새로운 리조트에서 숙박과 체험 기회를 주고 충분히 사진을 찍게 만들어 그들의 블로그에 글을 올리게 했다. TV광고나 라디오 광고보다 가격이 저렴하고 오히려 사람들에게 광고 효과가 더 컸다.

많은 사람들이 어딘가를 놀러갈 때 검색결과와 매치되는 블로그를 방문한다. 그 여행지의 맛집부터 숙박시설까지 모든 것을 미리 간접 체험할 수 있기 때문이다. 거기다 여행한 사람의 마음이 담겨있는 후기는 사람들에게 더 절실히 다가와서 블로그를 믿고 열심히 찾아온다.

블로그의 장점이자 단점이라고 하면 소통할 수 없다는 것이다. 블로그에 글을 올리면 그것이 맞다 틀리다 댓글을 달면서 소통하고 확인하는 기능이 없기 때문에 사실 블로그 글들이 모두 맞는지는 알 수 없다. 지극히 개인적인 글일 수도 있고 실재 검증되지 않은 글들도 있다. 요즘도 블로그 체험단이라면서 수없이 전화가 온다.

궁합이 맞는 매체 선택하기

세계적으로 인기를 얻고 있는 SNS는 페이스북과 인스타그램이다. 이 둘의 차이를 간단히 말하면 페이스북은 지인들과의 소통이고 인스타그램은 자기표현, 탐색/둘러보기의 공간이라고 할 수 있다. 나는 페이스북과 인스타그램을 모두 활용하고 있지만 영업에 조금 더 필요한 것으로는 인스타그램보다 페이스북에 더 좋은 평가를 주고 싶다.

우리나라에서 특히 선풍적인 인기를 끄는 것이 바로 '카카오톡과 카카오스토리'이다. 하루에도 수없이 친구들, 지인, 심지어 모르는 사람에게도 카카오톡이 들어온다. 나 역시 여러 개의 단체카톡방을 갖고 서로 좋은 정보를 나누는 커뮤니케이션 장소로 활용하고 있다. 카카오톡은 아마 우리나라 스마트폰을 사용하는 거의 모든 사람이 사용하고 있지 않나 생각이 든다.

내가 처음 보는 사람의 명함이나 연락처를 받고 휴대폰에 입력을 하면 바로 카카오톡친구로 등재가 돼 버린다. 물론 자동설정을 해놓았기 때문에 바로 올라오지만 카카오톡 친구가 되면 그 사람의 사진도 볼 수도 있고 여러 가지 정보를 바로 알 수 있다. 또한 카카오스토리가 연동되어서 더 많은 정보를 접할 수 있다.

카카오스토리는 우리나라가 만든 페이스북 같은 것이라고 생각할 수 있다. 카카오스토리에는 블로그처럼 나만의 일상이나 정보를 많이 올릴 수도 있고 서로 소통까지 할 수 있기 때문에 유용하게 활용할 수 있는 장점이 있다.

네이버 카페나 다음 카페를 활용하는 방법이 있는데 요즘 이런 카페들이 영업이나 각종 마케팅에서 가장 효과적이 방법이라고 볼 수 있다. 카페는 내가 들어가고 싶다고 막 들어갈 수가 있는 것이 아니고 카페가입 절차에 의해서 가입허락을 받은 사람만 들어갈 수 있다. 일단 회원이 되면 그 곳에서 여러 커뮤니티 활동을 할 수 있다.

장사를 하는 사람들, 영업을 하는 사람들, 독서를 하는 사람들 등 특수한 목적을 갖고 있는 사람들이 모이는 장소이기 때문에 그곳에서 적절한 마케팅을 하면 내가 원하는 영업을 잘 할 수 있다.

이렇게 SNS 마케팅에는 여러 가지 종류가 있는데 그중에 영업성향이나 영업상품에 따라 많이 다르겠지만 이 모든 것을 활용하면서 개인적으로 가장 도움이 되었던 것은 1.문자보내기 2.진솔한 메일 보내기 3.카페운영 4.블로그마케팅 5.카카오스토리 6.페이스북 이런 순서로 생각된다.

SNS마케팅을 적극적으로 활용하면 고객의 잠재적 욕구를 끌어 올릴 수 있고 그 욕구가 표출되어 영업에 직접적인 실적으로 연결되는 경우가 많다. 영업을 하는 사람들은 이 모든 것을 할 수 없으니 내가 잘할 수 있는 2~3가지만을 특화하여 영업에 활용한다면 좋은 성과로 이어질 것이다.

고객의 부족한 2%도
채워주는 영업을 한다

2%를 기회로

어느 날 TV를 보는데 재밌는 광고가 나왔다. 최고의 인기 배우였던 정우성이 중국의 톱배우 장쯔이에게 낙엽을 던지면서 "널 만나고부터 제대로 되는 게 없어. 가! 가란 말이야!" 한다. 그러자 장쯔이가 "날 채워줘! 사랑은 언제나 목마르다 2% 부족할 때!" 한다.

이 광고는 당시에 선풍적인 인기를 얻으면서 많은 사람들이 따라했고 패러디도 굉장히 많이 나왔다. 또한 그때 나온 2% 음료의 맛은 복숭아맛, 사과맛, 포도맛 등 여러 가지가 있었는데 현재는 복숭아맛만 남았다. 왜 그랬을까? 2% 음료 캔은 핑크색, 즉 복숭아색깔이다. 핑크는 기본적으로 마음을 편안하게 하고 긴장을 누그러뜨리는 색이다. 그래서 남아 있는 것이 아닐까?

그 음료 광고가 나오면서 많은 사람들이 어떤 것이 부족할 때마다 2%부족하다고 말을 했다. '야, 넌 다 좋은데 뭔가 2% 부족해!', '얘들아, 너희들은 다 잘할 수 있어 2%만 더 노력해봐!', '조금만 더 가보자 2%만 더 가면 정상이야!' 이렇게 모든 말들에 2%를 붙였다. 과연 2%가 주는 의미가 무엇인가?

사람은 체내수분이 2%만 부족해도 갈증을 느낀다고 한다. 그래서 음료광고에 2%라는 결정적인 숫자를 넣어서 많은 사람들에게 공감을 준 것이다.

우리는 하루에도 여러 번 물을 마신다. 목마름이란 가장 중요한 필수적인 것이라기보다 뭔가 조금 부족할 때 느끼는 현상이다. 성공에 목이 마르다, 고객서비스에 목이 마르다, 행복에 목이 마르다 등 눈에 보이지 않는 그 무언가에 대한 갈망이다. 고객은 항상 장쯔이의 대사처럼 마지막 하나까지 채워주기를 바란다.

리조트를 분양하면서 영업사원들이 가장 어렵다는 부분이 고객이 거래소에서 분양받는 것과 회사에서 정식으로 분양받는 것에 무슨 차이가 있느냐고 물어볼 때다. 거래소라는 것은 쉽게 말해서 복덕방 같은 곳이다. 회원권은 부동산에 속하기 때문에 집을 팔듯이 거래소라는 곳에 내 놓으면 시세에 맞게 누군가가 사고팔고 하는 것이다.

자동차를 타다가 중고차시장에 내놓는 것처럼 찾는 사람이 많으면 값이 올라가고 찾는 사람이 없으면 떨어질 수도 있다. 한정판으로 나오는 고급 자동차는 오히려 중고차 가격이 높은 경우가 많고, 아파트나 빌딩도 새 건물보다 좋은 위치에 있는 건물이 더 높은 가격이 형성되는 경우가 있다. 그런데 리조트 회원권은 대부분 가격이 떨어져 있는 경우가 많다. 왜냐면 리조트를 분양 받은 사람들이 해외이민을 가거나 갑자기 급전이 필요해서 할 수 없이 시장에 내 놓는 경우가 많기 때문에 정상가격보다 떨어져 있는 것이다.

고객은 이렇게 질문을 한다.

"거래소의 물건과 본사에서 분양하는 물건이 가격 차이가 있던데 왜 그런 거죠? 어차피 회원권이라는 것이 시간이 흘렀다고 낡아지거나 자동차처럼 하자가 생기는 것도 아닌데?"

이 질문을 받는 영업사원은 앞이 캄캄해진다. 그리고 지레 포기를 한다. 왜냐면 이 질문을 유쾌하게 풀어줄 정답이 없기 때문이다. 그런데 나는 이런 질문을 받아도 어렵지 않게 계약으로 잘 성사시키는 편이다. 그것은 바로 나에 대한 신뢰라고 생각한다. 어이없다고 생각할 수 있지만 고객에게 신뢰를 심어주면 그 고객은 다른 불안요소보다는 나에 대한 신뢰를 더 우선시하기 때문이다.

고객의 질문에 이렇게 답한다.

"리조트 회원권이라는 것은 내가 원하는 날짜에, 가고 싶은 지역의 리조트를 가기 위해서 분양을 받는 것입니다. 그런데 대부분의 회원들은 특히 우리나라 사람들은 국내 여행 때 미리미리 계획을 하지 않고 즉흥적으로 떠나는 경우가 많습니다. 내가 가고 싶은 날은 다른 사람들도 가고 싶은 날들입니다. 그런데 거래소상품은 예약을 할 때 회원님이 인터넷 홈페이지라든가 고객센터를 통해서 직접 알아보고 체크를 해야 해서 원하는 날짜에 방이 없는 경우가 많습니다.

그런데 만일 회원님께서 본사에 전담비서를 한 명 두고 있다고 생각 해보세요. 전담비서에게 정확한 날짜를 주고 예약 부탁을 하면 그 전담 비서는 방이 없더라도 취소가 나오는 방이라든가 동료직원이 갖고 있 는 방을 받아서 처리해 줄 수도 있습니다. 거래소와 본사분양의 가격차 이가 많이 나지 않는데 그 돈을 아끼려고 엄청난 서비스를 간과하시면 나중에 후회하십니다. 그런 전담비서를 제가 직접 해드리겠습니다.”

이렇게 이야기하면 조금 갸우뚱한다. 그리고 필살기인 나만의 리조 트 운영 방안을 말해주면 거의 대부분 나를 믿고 계약한다.

‘그 무엇’을 찾아라

앞의 이야기에서 전담비서라는 것은 눈에 보이진 않지만 고객이 필 요한 그 목마름을 채워줄 수 있는 서비스가 된다. 회원의 일이라면 1년 365일 24시간 열어놓고 해결을 해줬다. 물론 회원들에게는 밤늦게라든 가 휴일에는 가급적 전화를 하지 말라고 이야기를 한다. 어차피 휴일에 해결해드릴 방법은 거의 없기 때문이다.

다른 영업사원들은 밤이건 낮이건 휴일이나 휴가 때에도 회원들의 전화를 받느라고 고생을 하지만 나는 휴일이나 밤에는 회원의 전화가 거의 없다. 간혹 소개를 해주는 경우엔 전화가 오기도 한다. 회원이 계 약하면 갑과 을이 바로 바뀌는 것이 리조트의 특성이다. 그래서 처음엔 내가 을이 되어 계약을 원하지만 계약을 한 후에는 내가 갑이 되어 회 원들이 부탁을 하게 된다. 이러한 특성을 잘 활용하면 회원과 내가 모두 잘 될 수 있는 상태가 된다.

영업을 하다보면 수없이 많은 상황이 생긴다. 스스로 충분히 설명도 잘했고 고객도 만족스러워했는데 마지막 계약을 못하는 경우가 많다. 특히나 신입사원이나 아마추어 영업사원들이 그런 경우가 흔하다. 남들보다 더 열심히 고객을 만나고, 설명하고, 최선을 다하는데도 결과인 실적이 안 나오는 영업사원들이 많다.

너무나 안타까운 현실이다. 그런데 프로 영업사원들은 신입사원들보다 고객을 만나는 숫자가 현격히 적은데도 계약의 확률이 상대적으로 높아서 실적이 우수한 경우가 많다. 거기엔 프로들만의 비법들이 있기 때문이다. 그런 비법을 알려면 수많은 경험도 필요하지만 결국엔 내 의식을 정확히 확립해야만 가능한 것이다.

영업을 잘하는 방법은 신입사원이건 아마추어 영업사원이건 또는 영업사원이 아닌 사람도 대부분 알고 있다. 예를 들어 영업 잘하는 방법은 전화를 많이 하고, 우편물을 많이 보내고, 광고를 하고, 1년 계획과 월별 계획 그리고 주간단위 계획과 하루 계획을 세분화하고 목표를 정확히 설정해서 목표를 달성할 때마다 하나씩 체크를 하고, 조금씩 작은 성공의 습관을 만들어 가면 영업을 잘하게 된다. 얼마나 쉬운가?

그런데 이렇게 쉽고 평이한 일련의 일들을 대부분의 영업사원들은 하지 않고 있다. 그냥 닥치는 대로 그날그날을 살아갈 뿐이다. 성공하는 사람이나 영업 관련 서적에는 영업 잘하는 기술들이 어마어마하게 잘 나와 있다.

그래서 실천만 하면 영업을 잘할 수 있다. 그런데 왜 영업을 못하는 것일까? 그것은 바로 자신의 의식이 문제다. 단지 기술적인 것을 터득했다 해도 내 의식이 받아들이지 못하면 그런 기술을 써먹지 못한다. 고객에게 필요한 '그 무엇'이 있는데 '그 무엇'이 뭔지 파악하지 못하고 계속 교과서에 나온 일률적인 방식으로만 대응하면 고객은 떠날 것이다.

고객은 항상 목마르다. 그런 고객의 목마름을 채워주지 않으면 고객은 정우성처럼 '가! 가란 말이야!'라고 소리칠지도 모른다.

'인생 영업'을 꿈꾸는 당신에게 주는 대원칙 8가지

처음 어떻게 영업을 배우느냐에 따라 인생이 결정된다

나는 영업을 통해 정직과 원칙, 신뢰의 가치를 배웠다

나는 영업에서 진짜 나 자신을 찾았다

영업은 자신의 재능을 발견하고 가치를 높이는 일이다

모든 것을 파는 힘은 하나로 통한다

영업을 하면 '진짜 인생'을 만날 수 있다

나는 영업에서 인생의 모든 것을 배웠다

우리는 모두 세일즈맨이다

처음 어떻게 영업을
배우느냐에 따라
인생이 결정된다

진짜 영업이란

우리는 태어나서 죽을 때까지 배우면서 산다. 사람이 죽으면 '현고학
생부군신위' 즉 '배우는 학생으로 인생을 살다 돌아가신 아버지의 신령
이시여 나타나서 자리에 임하소서!'라는 지방을 쓴다. 배우는 학생으로
인생을 살았다는 말이 마음에 와 닿는다. 사람은 평생을 배우면서 인생
을 사는 것이다.

유치원부터 초등학교, 중학교, 고등학교, 대학교까지 많은 시간을 배
움으로 살아간다. 그런데 요즘 교육은 인생을 위한 교육이라기보다는
그냥 대학교를 잘 가는 방법을 배우는 다시 말해서 공부기술을 배우는
것 같아서 씁쓸하다. 공부만 잘한다고 세상사는 것이 다 좋은 것은 아
닌데 인성이나 삶에 대한 교육이 너무나 미흡함을 느낀다. 인생을 살고

삶을 배우려면 책을 보거나 직접 부딪쳐 경험을 쌓아야 조금씩 알아 갈 수 있다. 차라리 학교에서 이런 교육들을 체계적으로 해주면 삶이 더 행복하고 좋을 텐데 하는 생각을 해본다.

영업을 할 때 '진짜 영업'을 가르쳐주는 경우는 많지 않다. 특히 자영업이나 고급 영업인 경우 더욱 그렇고 사소한 영업도 마찬가지다. 여러 가지 아르바이트를 제외하고 내가 처음 영업으로 돈을 벌어본 것은 지하철 노점상이었다. 직접 고객을 만나서 이야기를 하고 물건을 팔고 스스로 알아서 물건을 떼 온 것은 지하철 노점상이었다.

처음 지하철 노점상을 시작했을 때는 진짜 어려웠다. 무작정 가방을 싸갖고 서울에 와서 친구 집에 얹혀살면서 노점상을 시작했다. 지하철에서 파는 물건을 어디서 구입해야 하는지, 어떻게 설명을 해야 하는지 전혀 알 수가 없었다. 단지 그냥 자신감만 갖고 올라왔는데 현실은 너무나 어려웠다. 맨처음 지하철 노점상 물건을 구한 것도 지하철에서 장사하는 분의 물건을 몽땅 저렴하게 사서 시작했다.

담배박스에 천 원짜리 휴대용선풍기 100개를 넣어서 지하철을 탔다가 내렸다가를 3일 동안이나 했다. '어떻게 설명하지, 사람들이 사지 않으면 어떡하나, 사람들이 뭐라 하면 어떡하지?' 하는 수많은 고민을 하면서 3일 내내 지하철을 타고 내리고, 타고 내리고를 반복했다. 그러면서 점점 자존감이 떨어지고 내가 여기서 뭘 하고 있나하는 생각까지 들었다.

그러기를 3일째, 이제 물건을 팔지 않으면 집에 갈 차비조차 없는 형

편이 되었다. 눈을 질끈 감고, 무작정 들어가서 정신없이 설명을 하고 물건을 팔았는데 단 한 명도 내 물건을 사지 않았다. 순간 좌절도 했지만, 바로 다음 칸으로 가서 또 정신없이 설명을 했고 한 개, 두 개씩 팔면서 지하철 장사를 알아가기 시작했다.

그때 이런 생각을 했다. '누군가 장사를 알려 줬으면 쉽게 잘 할 수 있을 텐데' 아무도 그런 것을 가르쳐주는 사람이 없었다. 그래도 고군분투를 해서 짧은 시간에 지하철에서 가장 많이 파는 판매왕이 되었다.

어느 날 고향친구가 호주로 어학연수를 가야 하는데 돈이 필요하다면서 좋은 일자리를 부탁했다. 그래서 친구에게 서울로 올라오면 지하철 장사를 가르쳐 줄 테니 걱정 말고 한 달만 해봐라, 그러면 어학연수 비용은 벌게 해주마하고 불렀다. 그 친구는 워낙 성격도 좋고 자신감이 넘치는 친구여서 가르치면 잘할 거라는 생각이 들었다.

처음 올라왔을 때 고시원에 방을 잡고 물건을 떼 오는 사무실에 데려가서 소개를 시켜주었다. 마치 아들 녀석 초등학교 입학할 때 책가방을 싸주듯이 담배박스로 노점상 전용 가방을 만들어주고 그 속에 그 날 팔 상품을 담아서 실전으로 데려갔다. 내가 하는 방법을 보여주고 멘트도 알려주고 신입사원 교육하듯이 열심히 가르쳐 주었다. 그랬더니 친구는 하루 만에 장사를 시작할 수 있었다. 나는 3일을 넘게 혼자 고생했는데 그 친구는 하루 만에 실전에서 활동할 수 있게 된 것이다. 바로 영업을 가르쳐 주고 지켜 봐줬기 때문에 가능한 일이었다. 그래서 친구는 나만의 노하우를 받아서 지하철 노점상 서열 10위까지 올라갔다. 지하철 노점상 서열은 무조건 "매출"이 기준이다.

어느 날 친구는 이런 말을 했다.

"요즘 장사가 잘 안 된다. 다시 장사 잘하는 너만의 비결을 알려줘라!"

"그럼 내일은 그냥 내가 장사하는 거 구경이나 해라! 보면 알게 될 거야!"

다음날 친구는 지하철에서 내가 장사하는 것을 유심히 보면서 몇 시간을 따라 다녔다. 그리고 점심을 먹는데 이렇게 말했다.

"야, 별 특별한 것도 없는데 넌 왜 그렇게 많이 파는 거야?"

"어, 그래? 아까 파는 거 못 봤어? 보면 다 알았을 텐데!"

"모르겠는데. 나도 너와 똑같이 파는데 별로 실적이 안 좋아. 이유가 뭐지?"

이 친구는 내가 파는 것을 유심히 보긴 했지만 어떻게 파는지 잘 안 본 것이다. 해답을 들려줬다.

"네가 아까 봤듯이 멘트나 자세는 같았지만, 나는 너보다 빠르게 이동을 했어. 객차 안에서 오랫동안 머물지 않고 상품 설명을 하고 판매하고, 바로 다음 칸으로 가서 설명하고 넘어가고, 네가 하는 영업보다 두 배 이상 빠르게 움직이면서 더 많은 지하철을 탔지. 이게 내 영업비결이야."

그제야 친구는 고개를 끄덕였다.

많은 노점상들이 한 곳에 오래 머물면서 한 개라도 덜 팔려고 왔다 갔다 한다. 그 시간에 다음 칸에 가서 신규고객을 만나서 설명하는 것이 지하철 장사에서는 더 효과적이다. 나는 비록 처음엔 늦게 배웠지만 혼자서 부딪치면서 깨닫고 저녁에 고시원에 들어가서는 더 많이 판매하는 방법을 연구하고 공부했다.

그나마 친구는 나한테 배워서 짧은 시간에 판매순위 10위 안으로 들어올 수 있었던 것이고 다른 사람한테 배웠으면 좀 더 어렵게 장사를 했을 것이다. 뭐든지 배울 때는 전문가에게 배우거나 그 방면에서 가장 잘하는 사람에게 직접 배워야 실력이 는다. 이론만 가득하고 실전도 없는 사람의 말만 들으면 한계가 있다.

비법과 지름길의 공식

리조트 분양을 하는 회사에 처음 입사를 했을 때 신입사원을 위한 교육프로그램이 전혀 없었다. 그래서 내가 속한 사업국 국장님이 직접 상품설명을 해 주셨다. 나는 사업국에서 가장 실적이 좋고 돈을 많이 버는 사람을 파악하기 시작했다. 왜냐하면 영업은 그 곳에서 가장 잘하는 사람한테 배우는 것이 가장 빠른 길이기 때문이다.

내가 선별한 선배 영업사원이 두 명이 있었는데 조용히 다가가서 리조트 영업 잘하는 비결을 물어보면 하나같이 똑같은 말을 한다. "특별한 거 없어. 그냥 열심히 해 봐!" 아니 이런 말은 누구나

영업이란 말이지~!

232

할 수 있는 말 아닌가? 아무리 경쟁자라고 하지만 서로 기본적인 것은 알려주는 것이 좋지 않은가? 영업세계는 정말 치열하고 냉정하다. 신입사원이 들어와서 자기의 밥그릇을 훔쳐가지 않을까, 나보다 더 잘하면 어떡하지 하는 불안감을 갖고 있기도 한다. 그래서 선배 영업사원들은 절대로 자신의 노하우를 가르쳐주지 않았다.

한번은 선배 영업사원이 어떻게 영업하는지 동행을 해도 되겠냐고 물어봤는데 기겁을 하면서 안 된다고 했다. 도대체 어떻게 영업을 하고 있기에 보여주기 싫은 건지 알 수가 없었다. '모두가 비굴하게 무릎 꿇고 빌면서 영업하는 거 아니야?' 하고 속으로 생각할 정도였다. 결국엔 이 세계도 나 혼자 부딪치고 깨지면서 조금씩 성장할 수밖에 없었다.

그리고 빠른 시간에 팀장이 됐을 때, 나는 팀원들한테는 정말 열심히 가르쳐 주었다. 계약이나 상담이 있으면 직접 데려가서 상담하고 계약하는 모습을 보여주면서 현장에서 곧바로 생생하게 배울 수 있게 해주었다. 그래서 다른 팀의 팀원들은 우리 팀을 부러워했다. 이런 나의 노력은 실적으로 나왔다.

우리 팀은 처음에 꼴찌들과 어린 직원들만 모아놔서 팀 실적이 꼴찌였는데 2개월도 안 되어 1등이 되었다. 모두 하나가 되어서 움직였기 때문에 가능했던 것이다.

영업의 노하우라는 것은 다른 사람과 공유하고 함께 해야 본인도 더 성장할 수 있다. 혼자만의 비밀처럼 갖고 있으면 발전할 수도 없고 매번 그 자리를 맴돌 수밖에 없다. 영업을 잘하고 실적이 좋고 평판이 좋은 사람들은 자신의 모든 것을 보여주고 알려주면서 자신만의 노하우를 더 발전시키는 사람들이다. 20년 가까이 영업현장에서 여러 가지 영업을 하면서 다양한 성격의 영업사원들을 많이 봐왔다. 안타까운 직원들도 있고 정말 멋지게 잘하는 직원들도 있었다.

나의 영업생활은 대부분 혼자서 깨지고 터득하며 조금은 힘들게 만들어왔던 것 같다. 그래서 항상 아쉬웠던 것은 누군가가 제대로 영업을 가르쳐주면 좋겠다는 생각이었다. 가끔 회사에서 영업교육을 한다고 가보면 대부분 강사들은 이론으로만 배워서 영혼 없는 말로 이렇게 해라, 저렇게 해라 이런 습관을 가져라 등등 책의 텍스트만 반복하는 교육을 해줬다. 물론 그런 교육도 조금 도움은 되지만 실전에 나가서 일하는 영업사원들에게 직접적인 도움은 되지 못한다.

나는 내가 20년간 갈고 닦고, 경험한 영업의 모든 것을 교육해서 최고의 영업사원들을 만들어야겠다고 다짐했다. 그리고 지금 그것을 실천하고 있다. 각종 영업을 하는 영업사원들에게 나의 경험을 바탕으로 많은 이야기를 해주고 교육을 시켰더니 실적도 좋아지고 돈도 많이 버는 친구들이 늘어났다. 1:1 컨설팅으로 영업의 맥을 잡아주고 자신감을 넣어서 억대연봉이 되도록 도움을 주었다. 앞으로 더 많은 사람들에게 꿈과 목표를 세워서 최고의 영업사원이 될 수 있도록 잘 전수해 줄 것이다. 억대연봉을 꿈꾸는 영업사원들은 언제든지 연락하시라. 인생을 바꿔주겠다.

처음 어떻게 영업을 배웠느냐에 따라 인생이 결정된다.

대원칙 2

나는 영업을 통해
정직과 원칙,
신뢰의 가치를 배웠다

'영업은 항상 옳다. 영업은 정직하다. 영업은 원칙과 신뢰를 기본으로 해야 한다.' 영업교육을 받고 영업 관련 서적들을 보면 늘 공통적으로 말해주는 것들이다. 이러한 말들은 두 가지 측면에서 해석할 수 있다. 나 자신에 관한 것과 타인에 관한 것이다. 나 자신에게 정직과 원칙을 지키고 무한한 신뢰를 주는 것과 타인 즉 고객에게 정직과 원칙 그리고 신뢰의 가치를 주는 것이다.

첫 번째, 나 자신에 대한 것

영업은 늘 정직하다고 말을 한다. 내가 노력한 만큼 열심히 계획하고 만들며, 땀을 흘리고 성과를 냈을 때 영업의 결과는 항상 정직했다. 요즘 대부분의 고소득 영업사원들은 회사에서 일정한 월급을 받고 생활하는 것이 아니라 노력한 만큼 수당을 주는 제도에서 일하고 있다. 나 역시 회사에서 주는 월급보다 수당을 많이 주는 방식을 더 선호했다.

리조트에서 일할 때 신입직원들이 대거 들어오고, 실적이 안 좋아서 바로바로 떠나는 직원들을 많이 보았다. 한 때 회사에서 설문조사를 한 적이 있다.

첫째 안은 회사에서 일정 정도의 월급을 주고 수당을 낮추는 방법이고, 둘째 안은 현행 그대로 월급 없이 수당을 조금 높여서 주는 방법이었다.

이렇게 두 가지 설문 조사를 했는데 이 조사에서 첫 번째 안 찬성이 월등히 높았다. 일반 직장인처럼 그냥 시간만 보내도 월급을 주는 방식을 대부분 영업사원들이 선택한 것이다. 그 순간 이런 생각을 했다. '그럼 일반 직장에 들어가지 왜 영업을 한다는 거야!' 영업이라는 것이 내가 노력한 만큼, 공짜가 아닌 노력하는 사람이 정직하게 돈을 벌 수 있는 건데 왜 그런 선택들을 할까 의아했다. 물론 영업을 잘하는 상위 10%이상들은 모두 두 번째 안을 선호했다. 그런데 결국 회사는 두 번째 안을 다시 고수했다. 왜냐하면 상위 10%가 회사 실적의 90%를 차지하고 있었기 때문이다.

설문조사에서 신입사원들이나 영업을 못하는 사람들의 의견이 첫 번째에 몰렸지만 결국 회사는 회사에 이득이 되는 방식을 채택했다. 영업이라는 것이 시간만 때운다고 돈을 준다면 그게 무슨 영업인가? 철저하게 내가 노력한 만큼 벌어가는 것이 진정한 영업이다.

영업사원들은 자신만의 원칙을 가지고 있어야 한다. 즉 자기관리를 철저히 해야 하는 것이다. 나는 지금도 새벽 5시에 일어나지만 매일 새벽 5시에 일어나서 회사에 6시면 도착했고, 항상 사무실 불을 켜고 들어가는 직원이었다. 그리고 헬스장에 가서 열심히 운동하고 7시부터 하루 일과를 시작했다. 물론 그 시간에도 다른 직원들은 한 명도 오지 않았다. 내 몸이 건강해야 하고 내 시간을 다른 사람보다 더 많이 확보해야 영업에서 유리하다. 자신이 게으르고 건강관리가 되지 않으면 아무것도 할 수 없다. 항상 지각하는 직원들은 영업을 대부분 못하는 직원들이다. 헐레벌떡 들어와서 갖은 변명을 하면서 자기 자신을 채찍질하는 것이 아니라 변명으로 거짓의 포장을 계속해나간다. 결국 그런 포장이 쌓여서 헤어 나오지 못하고 자멸하는 영업사원들이 많다.

또한 자신에 대한 무한한 신뢰가 있어야 한다. 영업을 하면서 수많은 사람들을 만나고 많은 일들을 겪는다. 좋은 일도 있고 나쁜 일도 있고 매일이 사건의 연속이다. 이럴 때 나를 안아주고 위로해줘야 하는 사람은 바로 나 자신이다. 그 누구도 나를 위로해 줄 수 없다. 나를 사랑해주고 나를 신뢰해야 다시 영업전쟁터로 나갈 수 있다.

어떤 영업사원들은 모든 것이 제 탓이라면서 자신을 죽이는 일들이 많다. 물론 그런 사람들은 남 탓도 많이 한다. 남 탓을 하고 나 자신을 한없이 질타하고 스스로를 파괴하는 영업사원들. 모든 것은 나로부터 시작이 되기 때문에 나에게 무한한 신뢰를 주고 무한한 사랑을 줘야 내가 바로 서게 된다. 내가 바로 설 때 비로소 고객 앞에 당당히 나서서 나를 팔 수 있다.

두 번째, 타인 즉 고객에 관한 것

"영업사원들은 모두 사기꾼이야! 영업사원들은 우리를 어떻게든 꼬실려고 해! 영업사원을 조심해야 해!"

이렇게 얘기하는 사람들이 많다. 왜 우리가 이런 이야기를 들어야 하는가? 물론 일부 영업사원들 때문에 우리 모두가 매도되어 이미지가 나쁘게 된 것도 있지만 정말 제대로 정도의 영업을 하는 사람들이 더 많다.

뉴스나 TV를 보면 종교도 몇몇 잘못하는 사람들 때문에 종교 전체를 싸잡아 욕하게 되고, 정치도 역시 일부 정신 나간 정치인들 때문에 정말 사람들에게 헌신하고 열심히 하는 정치인들이 선의의 피해를 보기도 한다.

요즘 사기를 많이 당하는 곳으로 '중고나라' 사이트가 있다. 그곳엔 별의별 사람들이 다 있다. 이런 사례는 우리나라뿐만 아니라 해외사이트에서도 많이 볼 수 있다. 잘못된 생각을 갖고 있는 영업사원들이 보이스 피싱이나 금융사기같은 것으로 많은 사람들에게 피해를 입히기도 한다.

나 스스로에 대한 정직과 원칙이 없기 때문에 고객에게도 정직하지 못하고 원칙을 지키지 않는 것이다. 이렇게 영업을 하는 사람들은 한 가지 일을 오래하지 못하고 메뚜기처럼 여기저기 뛰어다니면서 일들을 한다. 영업사원이 고객에게 정직과 원칙을 지키면 그것이 신뢰를 쌓이게 하고 내가 다른 영업으로 옮겼을 때도 고객들은 내 충성고객이 되어 또다시 내 상품을 구매한다.

고객은 상품을 고를 때 첫째는 회사를 보고, 두 번째는 영업사원을 보고 상품을 구매한다. 그렇기 때문에 고객에 대한 태도는 그 어떤 것보다 중요하다.

영업은 꼬리표다

내가 리조트를 분양할 때 고객에게 항상 하는 말이 있었다. 리조트는 수천만 원에서 수십억 하는 상품이기 때문에 단순호기심으로 마구 사는 상품이 아니라 신중에 신중을 더해서 구매한다.

"리조트를 분양받을 때 가장 중요한 것은 첫째는 회사를 잘 보고 결정하셔야합니다. 이 회사가 지속가능한 회사인지, 운영을 잘하는 회사인지, 내가 이용할 수 있는 체인점이 많이 있는지를 꼼꼼히 살펴보시고 결정을 해야 합니다. 두 번째는 영업사원 보고 계약을 해야 합니다. 영업사원이 정직하고 신뢰가 가는지, 앞으로 내가 리조트를 사용함에 있어서 내게 필요한 일들을 잘해줄 수 있는지를 정확히 파악하고 분양받으셔야 합니다. 다시 말해서 첫째는 회사, 둘째는 영업사원을 보고 정확히 선택을 하셔야 합니다."

이렇게 말하면 고객은 잠시 생각하고 계약서에 사인을 한다. 리조트를 분양받는 대부분은 부자들이다. 부자들은 사람을 보는 안목이 일반 사람보다 더 좋다고 볼 수 있다. 그래서 더 자신 있게 나 자신을 보여주면 고객은 더 신뢰하고 내게 의지하게 된다.

영업을 하면서 동료나 선배가 한순간의 욕심으로 나쁜 일을 저지르는 경우도 봤다. 물론 처음부터 그럴 생각은 아니었겠지만 한순간 나쁜 생각을 갖고 회사와 고객에게 실망을 주는 경우도 많았다.

예전에는 지금처럼 회사로 입금하는 방식이 아니라 직접 계약금을 받고 잔금을 받는 일이 많았다. 수백에서 수천만 원을 직접 고객에게 받게 되면 갑자기 견물생심이 생기기 마련이다. 그래서 그 돈을 본인이 직접 갖고 있다가 나쁜 유혹에 모두 써버리는 경우가 있었다.

리조트에 처음 입사를 해서 직통 전화를 받았는데 그 번호로 매일 이상한 전화가 걸려왔다. 누구누구 자리에 있느냐, 그 사람 어디 있느냐 등등 내가 모르는 사람을 물어봤다. 그래서 선배직원에게 물어봤더니 그 번호를 쓴 직원은 지금 사기죄로 교도소에 들어가 있다는 것이다. 여러 명에게 돈을 받아서 몇 억이라는 돈을 탕진했다고 한다. 지금은 이런 일이 거의 일어나지 않는다. 왜냐하면 모든 돈은 회사로 입금되는 것만 인정되기 때문이고, 또한 고객들도 예전처럼 어리석은 사람은 거의 없다. 사회가 의심의 눈초리가 많다보니 더욱 확인하고 철저히 알아보고 계약을 한다.

영업을 하면서 많은 사람들을 얻었다. 내가 하던 영업을 떠나면 고객들은 실질적으로 그 영업사원은 필요하지가 않다. 또한 영업사원들도 자신이 하던 영업을 떠나면 관리하던 고객을 떠나 버리게 된다. 그런데 나는 여전히 많은 고객들을 갖고 있다. 가끔 연락도 드리고 내가 새로 하는 일에 도움을 주는 고마운 고객들이다.

영업사원은 본인이 하는 일을 떠날 때는 내가 관리하던 고객에게 정확히 알리고 떠나야 한다. 나는 이직을 할 때 고객에게 편지를 써서 다른 곳으로 이직을 한다고 자세히 밝히고 떠난다. 그리고 정확한 인수인계로 잘 마무리한다. 이렇게 해야 오래 기억되는 영업사원이 되고 마지막까지 신뢰를 준다.

영업은 나 자신에게 많은 것을 깨닫게 해주었지만 그중에서도 정직과 원칙 그리고 신뢰의 가치를 알게 해주었다.

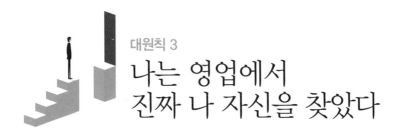

나는 영업에서
진짜 나 자신을 찾았다

궁극의 영업이란

과연 나는 누구인가? 흔히 '동기부여' 동영상들을 보면 이런 말들이 나온다. '다른 사람한테 물어보지 말고 나 자신에게 물어보라!', '나에게 질문을 하느냐 하지 않느냐가 중요하다!'

그런데 사람들은 자신에게 물어보는 것을 두려워하거나 꺼려한다. 내가 아닌 다른 사람에게 내가 누구인지 가르쳐 달라고 상담을 하고 나에 대해서 알고 싶어 한다. 그런데 정작 자신에게는 물어보지 않는다. 내가 누구인지!

20년이 넘게 영업하면서 얻은 가장 큰 성과물은 바로 내 꿈을 찾은 것이다. 조금 늦은 감은 있지만 내 꿈을 찾았다는 것에 너무 행복하고 매일이 꿈만 같다.

내가 영업을 시작한 것은 단순히 돈을 벌고 싶어서였다. 돈도 없고 빽도 없고, 집안이 좋은 것도 아니고 가진 것은 단지 나 자신 하나밖에 없었다. 그래서 할 수 있는 일이 남의 밑에서 일을 하거나 영업을 하는 것이었다. 사람들이 내게 물었다.

"영업을 하는 이유가 뭔가?"

처음 영업을 할 때는 1초도 안 걸려 바로 대답했다.

"당연히 돈을 벌기 위해서죠!"

그렇게 열심히 영업을 하면서 제법 돈을 벌기 시작할 때 또 다시 누군가가 물어왔다.

"영업을 해서 돈을 많이 벌면 무엇을 할 것인가?"

역시 또 총알같이 대답이 튀어 나왔다.

"돈 벌어서 결혼도 하고 집도 사고 멋지게 살고 싶다."

그래서 또 열심히 영업을 해서 돈도 벌고 결혼도 하고 집도 샀다. 그리고 아들도 낳았다. 또 다시 앞만 보고 열심히 일을 하는데 누군가 또 물었다.

"영업을 해서 돈도 벌고 결혼도 하고 집도 사고 사랑스런 아이도 낳았는데 또 무엇을 하고 싶어 영업을 뛰는 거지?"

이 물음에 나는 할 말을 잃었다.

내가 앞만 보고 이렇게 열심히 영업을 했는데 정작 무엇을 하고 싶은지? 앞으로 무엇을 할지? 구체적인 계획이나 목표 그리고 꿈이 없었다. 정작 내가 하고 싶은 것이 무엇인지 내게 진지하게 물어본 적이 없었다. 사실 그것이 두려웠는지도 모른다. 나 자신에게 물어봤을 때 정확히 대답할 수 있는 그 무엇이 있는지도 모르겠고 무엇을 해야 좋은지도 모르기 때문에 나 자신에게 물어보는 것을 계속 미뤄왔던 것 같다.

영업하는 사람들의 꿈은 무엇일까? 대부분 영업 열심히 해서 돈을 좀 벌고, 그것으로 개인 사업을 하는 것이라고 한다. 그런데 어떤 개인 사업을 할 것인가는 별로 생각하지 않는다. 대부분 영업사원들은 그냥 막연히 현재에 만족하면서 살고 있지, 미래를 생각해서 무엇을 해야지 하고 명확한 목표와 명확한 계획을 세우지 않는다. 그저 흘러가는 대로 살고 있는 것이다. 그러니 삶이 재미가 없고 뭔가 재미를 찾으려고 사람들과 어울려 술이나 마시며 쓸데없는 잡담만 늘어놓으면서 인생시간을 허비하고 있다.

군 제대 후 나는 다단계에 빠져서 하루 3~4시간을 자면서 열심히 공부했고, 배가 너무 고파서 화장실에서 빵을 몰래 먹으면서 눈물을 흘린 적도 많았고, 잠을 잘 못자서 화장실 문에 '수리중'이라는 글씨를 써 붙이고 변기에 앉아서 잤던 적도 많았다.

조직의 리더로서 흐트러짐을 보이지 않으려고도 애썼다. 항상 당당하고 자신 있는 멋진 모습만 보이려고 정작 내가 힘든 것은 감추고 열심히 뛰었던 것 같다. 그러면서 꿈을 외치고, 목표를 외치며 20대 초반 다단계에서 내 꿈을 만들었다. 그러나 하루아침에 내가 생각했던 꿈과 목표가 마치 물거품처럼 사라져 버렸다. 그렇지만 1년 가까이 나를 몰아붙이는 생활을 해서 그런지 열심히 뛰었던 습관은 내 몸에 고스란히 남아 있었다. 새벽에 일어나고, 무엇을 하든, 그때 다단계에서 일했던 생각을 하면서 더 열심히 일할 수 있었고 누구보다도 열정적으로 살려고 노력했다.

한화에서 회원사업 팀장을 맡았을 때 서울, 대전, 부산에 있는 지사들을 총관리하고 영업실적을 극대화하는 역할을 했다. 서울, 대전, 부산의 영업사원들을 합치면 30명 정도 됐는데 30명의 직원들은 대부분 영업의 베테랑들이었다. 30명이 1년에 120억 넘는 매출을 올렸다.

물론 영업사원들의 편차는 어느 조직에서도 있듯이 잘하는 20%가 매출의 80%를 차지하고 있었다. 신입직원들이 오면 각 팀장들이 교육을 시키고 내가 가끔 교육을 했다. 어느 날 5명 정도의 직원이 영업하는 것을 힘들어하고 실적도 저조해서 매일 아침에 특별 교육을 시켜주기로 했다. 대신 다른 직원보다 30분 일찍 나와서 그 30분을 알차게 쓰자고 했다.

직원들에게 내가 지금껏 해왔던 많은 영업의 노하우를 알려주고 싶어서 전날 열심히 준비하고 다음날 최선을 다해서 실전 영업 등을 가르쳐 주었다. 그런데 며칠 지나면서 교육시간에 지각하는 직원이 생겼다. 교육이 필요 없으면 안 들어와도 된다고 말을 했는데 듣겠다고 또 들어왔지만 다시 지각을 하는 일이 반복됐다. 결국 한 달 정도 진행하다가 교육을 폐지했다. 그때 나는 내 교육방식이 잘못됐다는 것을 깨달았다. 무작정 실전영업의 스킬만 가르쳐주고 상담을 같이 해주었던 것은 효과가 없었던 것이다.

영업사원을 교육 할 때 제일 중요한 것이 바로 '의식'이라는 것을 간

과했다. 내가 왜 영업을 해야 하는지, 영업을 해서 무엇을 할 것인지, 꿈과 목표가 무엇인가? 이런 것들을 깊이 고민하지도 않고 알지도 못한 채 그냥 막연히 영업을 하려고 하니 재미도 없고 목적도 없는 상태였다. 이런 의미 없는 영업을 깨트려주지 못했던 것이다. 그들 마음속을 먼저 흔들어 일깨워줬어야 했다.

영업사원들은 스스로에게 내가 왜 영업을 하는지 질문하지 않았고, 내가 왜 여기서 이렇게 앉아 있는지도 질문하지 않았고, 내가 왜 이렇게 바보처럼 살고 있는지도 자신에게 질문하지 않았던 것이다. 생각 없이 그냥 직장은 다녀야 하니까 한쪽 다리만 살짝 얹어놓고 영업을 했다. '진정 내가 원하는 무엇이 있다'면 더 적극적으로 내 삶을 고민하고 노력했을 텐데 그런 것들이 없었던 것이다.

그렇다고 내가 그 모든 것을 다 실현하고 있는 것은 아니었지만 최소한 내가 영업을 하는 이유에 대해서는 명확한 생각이 있었고 그것을 실천해서 누구 보다 빠르게 그 자리에 갈 수 있었다.

영업의 최고점에서 만난 행운
나는 영업사원들의 희망사항인 '돈을 벌어서 개인 사업을 해야지' 하는 꿈을 실현하기로 했다. 나름 승승장구 하고 있던 직장을 그만두고 내 사업을 시작한 것이다. 그것도 이전의 나하고는 전혀 상관없고 해본 적도 없고 연고가 있는 것도 아닌 용대리에서 황태사업을 시작했다. 주위 사람들은 모두 말리면서 조언을 했는데 그 모든 말을 무시하고 뛰어들었다.

내가 하면 뭐든지 할 수 있다는 자신감에 정말 열심히 일을 했다. 대기업 납품에서부터 골프장 납품, 기업 납품을 하려고 하루에 몇 시간 잠도 못자면서 수천 마리 황태를 포장하고 택배로 보내면서 정신없이 시간을 보냈다.

그런데 어느 날 문득 이런 생각이 들었다. '내가 여기서 뭘 하는 거지? 왜 여기서 황태를 만지고 있지? 이것이 내가 진짜 하고 싶었던 일인가?' 이렇게 스스로에게 질문을 하면서 슬럼프에 빠지기 시작했다. 납품하던 기업은 관리소홀로 떨어져 나가고 골프장 납품도 떨어져 나가고 백사장 모래에서 물이 빠져나가듯 모든 것이 팍팍한 원점으로 돌아가고 있었다. 아무것도 하는 것이 싫고 바보처럼 멍청하게 시간을 보내고 있었다. 그리고 한 번도 생각하지 않았던 죽음에 대해서도 생각을 하게 되고 너무나 힘든 시간을 보내고 있었다.

어느 날 도저히 이래선 안 되겠다 싶어서 종이에 적기 시작했다. 내가 진짜 하고 싶은 것이 무엇인지 하나씩 적기 시작했다. '가족과 여행 가기, 친구들과 놀기, 아내에게 벤츠 자동차 사주기, 쇼핑하기, 아들에게 빌딩사주기…' 이런 것들을 종이에 적어가고 있었다. 그리고 질문을 던졌다. '그럼 이런 것들을 이루기 위해선 뭐가 필요하지?' 그 질문의

답은 바로 돈을 버는 것이었다. 그리고 그 다음 줄에는 또 이런 질문을 했다. '그럼 돈을 벌기 위해서 어떻게 해야 하지?' 이 질문에는 이렇게 적었다. '내가 진정으로 하고 싶은 것을 하자. 내가 진짜 하고 싶은 것을 하자.' 그리고 마지막에 최종 답을 썼다.

'책을 쓰고 강연을 하자!'

이것은 오래전부터 틈만 나면 사람들에게 말했었던 일이다. 수시로 책 쓰는 책도 봤고 강연프로그램에도 참여해서 강연을 잘하는 방법도 배웠고 준비를 계속 했던 것이다. 그런데 어느 순간 그런 꿈들을 잊어버리고 일상에 젖어 살았다. 그렇게 잊어버렸던 나의 꿈이 불쑥 다시 내 삶에 튀어 나온 것이다. 그 답을 쓰고 어찌나 기쁘던지 내 꿈을 향해 목숨 걸고 해보자라고 스스로 몇 번이나 되뇌었다. 나는 곧바로 실행에 옮겼다.

인터넷을 뒤져서 책을 주문하고 관련 카페를 찾아 회원가입을 했다. 조금씩 흥분이 되는 느낌이 들었고 카페를 둘러봤는데 정말 많은 사람들이 단기간에 책을 내는 것을 볼 수 있었다. 그야말로 내가 찾던 꿈의 공간이었다.

내가 그토록 하고 싶었던 꿈이 이뤄질 것 같은 생각이 들었다. '일일특강'이라는 것이 있어서 '일일특강'을 듣고 바로 '책 쓰기 7주과정'에 등록했다. 처음엔 단순히 책만 쓰러 갔었는데 책을 써서 성공하는 방법까지 알려주는 것이었다. 강원도 용대리에서 분당까지 매주 수업을 들으러 가면서 나의 꿈은 점점 커져만 갔다. '성공해서 책을 쓰는 것이 아니라 책을 써야 성공한다!'라는 슬로건을 보면서 가슴이 쿵쾅거렸고 정말 목숨 걸고 미친 듯이 열심히 했다.

새벽 5시에 일어나서 밤 11시까지 미친 듯이 책을 썼고 지금 이렇게 나만의 책이 완성됐다. 불과 2달도 안 되는 시간이었다. 과연 이것이 가능한 걸까? 인생에서 어떤 스승을 만나느냐에 따라서 그 인생은 엄청난 변화를 준다.

영업을 하면서 많은 경험을 하고 성공도 하고 실패도 했다. 그리고 끝없이 나를 질책도 하고 인생의 단맛과 쓴맛을 모두 보면서 나 자신을 버리려고도 생각했었다. 그런데 나를 다시 잡아준 것은 아주 오래전부터 꿈꿔왔던 '책 쓰고 강연하기'였다. 꿈을 향한 내 도전이 결국 진짜 나를 찾게 만들어 준 것이다.

영업은 자신의 재능을 발견하고 가치를 높이는 일이다

영업은 전신거울이다

사람들은 살아가면서 무수히 많은 일들을 겪으며 성장해나간다. 대부분 학교를 다니고, 직장생활을 하고, 사업을 하고 아이를 키우며 삶의 영역을 만들어간다. 이런 보통의 삶이면서도 그보다 더 다양한 사람들을 만나고, 거절당하고, 아파하고, 슬퍼하고, 웃고 우는 인생의 희로애락을 모두 겪으면서 성장하는 직업이 바로 영업이다.

영업도 감정노동에 속하는 직업이다. 수많은 거절과 실패 속에서 스스로 자존감도 무너지고 마음도 많이 다친다. 영업에서는 '영업은 거절부터 시작된다!'는 말이 있다. 솔직히 나는 이 말에 동의하지 않는다. 영업을 하면서 수없이 거절을 당하고 또 다시 도전하고 결국 성공을 하기도 하지만 '거절부터 시작한다'는 말은 영업하는 사람들에게 위안을 주기보다 오히려 두려움을 심어주는 것 같다. '영업은 무조건 거절이다'라는 말과 다를 바가 없기 때문이다. 그래서 누군가 저 말을 책에 썼을 때도 동의하지 못했다. 물론 사람마다 해석하는 관점 차이가 있기 때문에 대부분이 그렇구나! 하고 고개를 끄덕였을 수도 있다. 지금도 수많은 영업 관련 서적에는 이 말이 되풀이 되고 있다. 말도 안 되는 소리다.

영업을 한다는 것은 상대방에게 어떤 상품을 설명해서 설득을 하고 그 상품을 파는 일이다. 그래서 하루에도 다양한 사람들에게 설명을 하고 상품을 팔고 있다. 온종일 고객의 말을 많이 듣고 하면서 마치 컨설턴트처럼 일한다. 물론 영업도 컨설팅 중의 하나다.

영업을 하면서 고객들에게 이런 이야기를 많이 들었다.

"김 팀장님은 설명을 너무 친절하게 잘해 주네요."

"김 팀장님 설명은 귀에 쏙쏙 들어와요."

"김 팀장님은 상품을 구매하게 만드는 비법이 있는 것 같아요."

상담을 하고 나면 이런 이야기들을 많이 한다. 물론 나 역시도 A4 종이 두 장이면 어떤 고객도 설득할 수 있다고 늘 자신한다.

큰 기업에 영업을 할 때는 보통 경쟁사와 경쟁 PT(발표)를 많이 하게 되는데 경쟁 PT를 해서 내가 원하는 것을 얻지 못한 적은 거의 없었던 것 같다.

90% 이상 확정이 되어 있었던 일들도 경쟁 PT에서 내 것으로 만들기도 했고, 낙찰된 계약에서도 다시 설득해서 내 계약으로 만들기도 했다. 경쟁사와 PT를 할 때 가장 중요한 것은 경쟁사를 정확히 파악하는

일이다. 또한 상품을 구매하는 기업의 모든 것을 알고 있어야 한다.

PT를 하기 전에 꼭 체크하는 사항이 있다.

첫째, 기업의 종업원 수 (여기엔 신고 된 상시근로자수보다 대략 1.5배 정도 생각한다)

둘째, 기업이 하는 일 (어떤 제품을 생산하고 어떻게 판매하는지, 무슨 일을 하는지)

셋째, 기업의 매출 (재무제표를 살펴보고 기업의 전망을 파악한다)

넷째, 기업의 가치 (가장 중요하게 체크한다)

위의 사항을 철저히 분석하면 기업관계자들도 잘 파악하지 못한 것을 PT하는 영업사원이 이야기하고 있기 때문에 기업관계자들은 내심 놀라면서 내게 많은 신뢰를 갖게 된다. 기업 PT는 단순히 내가 파는 상품만 설명하는 것이 아니라 경쟁사와 구입하는 기업에 대한 다각적인 분석으로 최적의 설명을 하는 것이 관건이다. 아마추어 영업인은 상대방 기업을 전혀 파악하지 않고 가기 때문에 영업에서 성공률이 낮을 수밖에 없다.

영업을 하면서 모든 것을 다 성공시키지는 못했지만 내가 만나서 상담하고 설득하면 승률은 90% 이상이었다. 그렇기 때문에 일단 만나기만 하면 계약을 성공시킬 수 있다는 자신감이 있다.

어떨 때는 안내 자료를 요청하면 어느 정도 가능성이 있다고 생각되는 곳은 아무리 먼 부산이라도 다음날 오전에 사전 약속도 하지 않고 깜짝 방문을 많이 하는 편이다. 그러면 상대방은 당황하지만 멀리서 왔으니 차라도 한 잔 하고 가라는 말을 한다. 차를 마시면서 상품설명을 하면 대부분 이미 구매 생각을 해봤기 때문에 계약으로 쉽게 이어진다. 만일에 조금 더 생각을 해보겠다고 하면 일단 계약서만이라도 써달라고 한다. 계약서를 쓴다고 해서 돈이 나가는 것도 아니고 계약이 되는 것도 아니기 때문에 가볍게 써달라고 부탁을 하면 고객들은 그냥 쉽게 계약서를 작성한다. 이때 늘 이런 이야기를 한다.

"어차피 계약이라는 것은 돈이 들어오지 않으면 아무 소용이 없으니 편하게 계약서를 써주세요."

계약서를 작성하게 되면 고객은 이미 자신이 계약을 해야겠다는 마음으로 많이 기울게 된다. 그리고 계약서를 두고 서울로 올라오면 대다수가 다음날 계약금을 입금해 준다.

멀리 지방까지 갔는데 최소한의 성과는 가져와야 하기 때문에 계약금은 못 받더라도 계약서는 써서 갖고 온다. 영업에서 가장 중요한 것은 클로징 즉 마무리 결정단계다. 아무리 열심히 설명을 해도 결정을 못 시키면 그 시간들은 무의미하게 된다. 어떤 사람이 1년 동안 정말 열심히 시험 준비를 해서 시험을 봤는데 그 시험에서 떨어지면 본인은 열심히 했지만 다른 사람들이 봤을 때는 그 사람은 1년을 놀았다고도 볼 수 있다. 결국 영업은 항상 결과가 있어야 하지 과정만으로는 인정받을 수 없는 곳이다.

재능은 쓰면 쓸수록 커진다

나는 영업을 하면서 내 재능을 발견하기 시작했다. 사람들이 나를 좋아하고, 나와 이야기 하는 것을 좋아했다. 또한 내가 상대방의 이야기를 잘 들어주는 능력이 있다는 것을 알게 됐다. 그래서 그 방면의 책들을 더 많이 보게 됐고 한때는 심리학책들에 심취한 적도 있다.

생각해보면 초등학교 때도 그랬고 중학교, 고등학교 때도 친구들 말을 잘 들어주는 친구였다. 한 가지 약점이라면 내 이야기를 잘 하지 않았다는 것이다. 상대방의 이야기는 잘 들어줬지만 나의 과거는 가난하고 힘든 것이 대부분이었기 때문에 말하고 싶지 않았다. 그런데 결정적으로 대학교 1학년 때 과대표가 되면서 생각을 바꿨다.

같은 과 친구들이 총 40명인데 이 친구들을 모두 알고 싶었다. 그래서 1:1면담처럼 카페에서 이야기를 나누었는데 그때 내가 했던 방식은 나의 아픈 과거와 힘들었던 이야기를 하는 것이었다. 어릴 때 셋방살이 했던 이야기, 한방에서 다섯 식구가 살았던 이야기, 중학교 수업료가 없어서 선생님께 혼났던 이야기들….

내 이야기를 진솔하게 했더니, 친구들도 자신의 이야기를 하나씩 꺼내기 시작했고 힘든 이야기나 지금의 감정들을 서슴없이 이야기를 해줬다. 그러고 난 후 친구들과의 사이가 급격히 좋아졌던 기억이 있다.

그 후로 힘든 일이 있거나 어려운 일들이 있으면 친구들은 나와 이야기하는 것을 좋아했다.

이렇게 오래전부터 갖고 있었던 나의 재능이 영업을 하면서 더 두각을 나타냈다. 고객과의 상담을 더 원활하게 만들어줬고 기업체에서 PT를 할 때도 다른 경쟁업체의 직원들보다 설득력과 강연 능력이 좋아서 많은 계약으로 이끌 수 있었다.

영업을 하면서 나 자신의 한계에도 부딪혀 보았지만 내가 갖고 있던 재능을 더 크게 성장시켜서 나만의 것으로 만들었을 때 영업의 가치는 점점 커져갔다. 이러한 영업에서의 경험으로 컨설팅을 잘하게 되었고 강연도 호소력 있게 잘했다. 영업은 나 자신의 재능을 발견하게 하고 그것을 더욱 키워주었다.

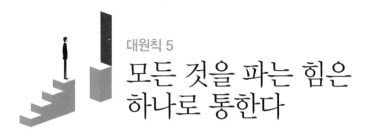

대원칙 5

모든 것을 파는 힘은 하나로 통한다

목표는 행복의 첫 계단이다

우리는 어릴 때부터 생활계획표를 만들어 왔다. 초등학교 시절 방학이 되면 방학숙제는 생활계획표를 만드는 것부터 시작이 된다. 대부분 동그랗게 컴퍼스로 원을 그리고 자를 대고 선을 그어서 시간마다 일정을 써넣었다. 항상 맨 위에 가장 많은 부분을 차지하는 것이 '꿈나라'였다. 그리고 생각할 것도 없이 무조건 금을 그어 계획표를 만든 기억이 있다. 그 계획표를 하루 이상 실천해본 적이 없다. 왜냐면 내가 생각해도 말도 안 되게 초등학생이 할 수 없는 **빡빡한** 일정으로 짰기 때문이다.

생활계획표를 만들라고 했지만 정작 정확히 어떻게 짜야 효율적인지 아무도 가르쳐준 적이 없고 숙제를 해가도 선생님은 하나하나 짚으며 고쳐준 적도 없다. 그냥 숙제만 하면 그만이었던 시절이었다.

한 반에 60명이 넘는 아이들이 있었으니 담임선생님도 그런 것을 신경 쓸 여유도 없었고 어떤 선생님도 그렇게 맞춤형 교육을 해주지 않았다. 어릴 때 계획을 세우고 목표를 세우는 방법을 배우긴 했지만 정말 대충 이름만 가르쳐준 정도 밖에 되지 않았다. 요즘은 또 어떻게 가르치는지 잘 모르겠다. 내가 배울 당시에는 모두가 그렇게 배운 것 같다.

중학교에 가도 고등학교, 대학교에 가도 마찬가지로 정확히 계획을 세우는 방법을 가르쳐주는 곳은 없었다. 그래도 공부를 잘 하기 위해서는 항상 계획이 필요했다. 고등학교 때 〈수학정석〉이나 영어 〈맨투맨〉을 공부할 때 쪽수를 정해서 하루에 몇 쪽을 공부할 것인가 체크해서 한 권을 언제 끝낼 것인가를 계획하고 공부했던 기억은 있다.

내가 본격적으로 다이어리를 정확히 썼던 것은 군 제대 후 다단계를 했을 때였다. 그곳에서 다이어리 쓰는 방법을 가르쳐 줘서 배울 수 있었다는 점은 좋았다. 다이어리 맨 앞에 본인의 꿈을 적고, 목표를 적고 10년 후의 꿈, 5년 후, 1년 후 그리고 매달 나의 목표를 쓰게 했다. 또 갖고 싶은 자동차나 집들의 이미지를 구해서 다이어리 앞에 붙이게 했다. 즉 시각화를 시킨 것이다. 매일 다이어리를 들여다보면서 나의 꿈을 상기시켰고 매일매일 그날의 계획을 쓰게 했다.

내가 다단계에서 배운 것 중에서 가장 가치가 있는 배움이었다. 어디서도 그런 방법을 가르쳐 주지 않았다. 하지만 다단계에서는 서로 만나면 꿈 이야기도 하고 성공이야기도 하고 젊은 남녀들이 모여서 미래를 이야기하며 파이팅을 외쳤는데 판매방식이 잘못돼서 오래가지 못했던 것 같다.

요즘은 모치즈키 도시타카가 쓴《보물지도》로 꿈을 시각화하는 프로그램을 통해 꿈을 생생하게 키우고, 만드는 것을 가르쳐주는 곳도 많다.

다단계에서 다이어리 쓰는 법을 배운 이후로 지금까지 다이어리를 쓰고 있다. 다이어리 맨 앞엔 나의 꿈과 목표 그리고 비전을 써놓는다. 내가 갖고 싶은 목록과 버킷리스트도 써놓고 시각화 이미지도 넣어놓는다. 그중에 내가 갖고 싶은 물건들은 어느새 내 소유가 돼서 지우고 또 새롭게 고쳐나가고 있다. 머릿속으로 아무리 많은 생각을 해도 어떤 행동을 취하지 않으면 아무것도 이뤄지지 않는다.

시각화를 한다는 것은 끊임없이 상상하고 이미 이루어진 것처럼 구체적으로 상상할 수 있기 때문에 이루어지는 속도가 엄청나게 빠르다.

영업을 하면서 가장 중요했던 것도 목표를 세우고 정확한 계획을 세우는 일이다. 사람마다 다르겠지만 계획을 세울 때 먼저 한 달에 얼마를 벌 것인가를 정해놓는다. 억대연봉을 받을 때는 보통 한 달에 1,500~2,000만 원 정도의 수입 목표를 세워서 세분화를 했다. 2천만 원을 벌려면 리조트를 얼마나 팔아야 하는지 세분화해서 계획을 짰다. 고급리조트인 40평 이상 몇 개, 40평 이하 몇 개 이렇게 수당을 계산해서 세분화를 시키고, 40평 이상을 팔아야 되는 고객을 어떻게, 몇 명을 만날 것이며, 몇 통의 우편물을 보내고 온라인 광고와 잡지광고를 어떻게 집행할 것인지 완전 세분화해서 계획을 세운다.

우편물을 대략 몇 통을 보내야 계약이 나오는지 계산을 했더니 평균

2천 통에 1건을 계약하고, 가망고객이 3명 정도 확보가 된다는 것을 알았다. 이렇게 경험으로 수치화를 했기에 한 달에 몇 통을 보낼 것인지 계산이 나왔다.

전화상담은 몇 명에게 해야 상담건수가 몇 건이 잡히는지 대략 계산해서 계획을 세운다. 월말이 되면 가장 확률이 좋은 회원들에게 어떻게 소개를 받을 것인지를 다음 달을 위해서 열심히 목표를 세우고 계획을 세운다. 그렇게 하면 매일매일 '뭘 해야 하지' 하면서 쓸데없는 시간을 보내지 않고 할 일을 그날그날에 맞춰서 해 나갈 수 있다. 그러면 내가 원하는 목표금액에 최소한 70% 이상은 달성한다. 이것을 감안해서 목표를 조금 높게 잡는 편이다.

매번 목표와 계획을 세우면서 영업을 하다보면 성취감도 높아지고 기분도 좋아진다.

미래를 오늘에 있게 하라

한화에 들어갔을 때는 대기업이라 그런지 더 멀리 계획을 세우고 있었다. 보통 중장기 계획과 장기계획을 갖고 10년 후, 5년 후에 대한 프로젝트와 세부사항이 매년 업데이트 돼서 만들어진다. 멀리 있는 10년 후의 목표를 달성하기 위해서 5년의 목표는 어떻게 할 것인지, 1년의 목표는 어떻게 계획할 것인지, 숫자 하나하나까지 시뮬레이션(모의실험)을 돌려서 만들어내고 예측해서 정한다. 그리고 계획에 맞는 마케팅을 하고 인력을 보강하고 각 부서가 유기적으로 돌아갈 수 있게 모든 것을 세팅하게 된다. 매년 목표는 최소 10% 이상 성장하는 목표로 계획을 세운다.

일반 기업에서 하는 것보다 좀 더 멀리보고 치밀한 목표와 계획을 세운다. 이런 작은 목표들을 하나씩 달성하면서 큰 목표로 다가가는 일련의 활동이 기업이 더 멀리 성장하면서 갈 수 있게 만드는 원동력이 되어준다.

내가 영업을 하면서 항상 놓치지 않은 것이 바로 다이어리에 목표와 계획을 세우는 것이다. 〈프랭클린다이어리〉를 사용한 지도 15년이 훌쩍 넘었다.

다이어리를 늘 열심히 썼지만 더 잘 쓰는 방법을 배우고 싶어서 강남역 근처에서 〈프랭클린다이어리 사용법〉 강좌도 돈을 내고 수강한 적이 있다. 더 체계적으로 쓰는 방법을 익혔고 목표를 어떻게 설정하는지도 제대로 배울 수 있었다. 항상 팀원들한테도 다이어리 쓰는 습관을 가지라고 조언했지만 그냥 회사에서 나눠주는 다이어리에 대충대충 메모 정도만 쓰는 것을 봤다. 그러니 오늘 계획이 뭐냐고 물어보면 한참을 생각해서 한두 가지를 말할 정도였다. 내가 오늘 무엇을 해야 하는지 아무런 계획이 없는 것이다. 그냥 사무실에 앉아 있다가 점심시간 되면 점심 먹고 대충 일 처리하다가 퇴근하는 일들을 반복하는 직원들이 적지 않았다.

영업하는 사람이라면 최소한 내가 오늘 무엇을, 어떻게, 왜 해야 하는지를 알아야 한다. 몇 명을 미팅하고 몇 명에게 전화를 걸고 어떤 계약을 할 것인지 구체적인 목표가 있어야 계획도 세우고 일정도 만들고 시간 관리를 할 수 있는 것이다.

목표가 있으면 내가 어떻게 영업을 하고, 어떻게 만들어갈지가 분명해지기 때문에 영업사원들은 목표가 무엇보다 중요하다. 나를 정확히 만들 수 있는 큰 목표를 세우고 하나하나 세분화해서 계획을 세우면 영업이 재밌어지고 성과도 잘 나오기 마련이다.

지금부터라도 끝에서 시작하는 마음으로 큰 목표를 정확히 세워서 자신의 성공적인 하루하루를 모아 멋진 미래를 만들면 좋겠다.

영업을 하면 '진짜 인생'을 만날 수 있다

당신의 인생을 만나라

내가 영업을 하면서 좋았던 점은 무엇이 있었을까?

첫째, 시간을 자유롭게 쓸 수 있었다

둘째, 노력한 만큼 돈을 벌 수 있었다

셋째, 해외여행을 자주 갔다

넷째, 결혼을 하고 아이를 낳고 집을 샀다

다섯째, 대기업도 들어가 봤다

여섯째, 골프, 볼링, 피아노, 플루트를 배웠다

일곱째, 내가 하고 싶었던 꿈과 목표를 찾았다

여덟째, 진짜 인생을 만났다

인생은 마라톤의 연속이라는 말이 있다. 마라톤 동호회 활동을 시작한 지도 벌써 15년이 넘었다. 동호회는 아는 선배와 친구가 모여서 남자들만 9명으로 구성되어 있다. 매년 봄과 가을에 10km 또는 하프코스인 21.0975km를 공식적으로 뛰고 비공식적으로 풀코스를 뛰거나 더 많은 대회에 참가하기도 했다.

내가 다니던 고등학교는 매년 개교기념일에 마라톤을 하는 전통이 있다. 10km를 조금 넘는 코스를 전교생이 뛴다. 이때 순위에 따라 각 졸업생이 졸업기수에 맞춰서 선물을 걸어놓는다. 내가 뛸 당시 졸업기수가 63회까지였기에 잘하면 60등까지는 상품을 받을 수 있었다. 그래서 죽어라 열심히 뛰었다. 전교생이 1,500명 정도였는데 한 반 60명가량에 각 학년이 12반이었다. 굉장히 많은 숫자라 1,500명 중에 60등 안에 들어온다는 것은 보통 어려운 일이 아니었다. 그렇지만 나도 운동을 잘했기 때문에 처음부터 정말 열심히 뛰었다.

결승선에 들어왔을 때 39등이라는 쪽지를 받았다. 그 많은 학생들 중에서 39등을 했기에 얼마나 기쁘던지! 또 39회 졸업생은 사회적으로 안정적으로 생활을 할 만한 나이였기에 내심 선물에 기대를 많이 했다. 그런데 이럴 수가! 죽어라 뛰었던 내 몸에서 힘이 쭉 빠졌다. 내 앞뒤로 모든 학생들이 선물을 받아갔는데 그날따라 39회 기수에서 아무도 선물을 기증하지 않았던 것이다. 혼자서 39회를 어찌나 원망을 했던지…. 너무나 분하고 운이 없다고 생각했다. 돌이켜보면 아마 그래서 더 생생하게 기억하고 추억이 되는지도 모르겠다. 어쨌든 그때부터 지금까지

27년간 마라톤을 했다.

마라톤의 매력은 뛰는 과정은 너무나 힘들고 포기하고 싶은 생각이 수없이 들지만 결승선에 들어가면 엄청난 희열을 느낀다는 것이다. 그래서 사람들은 마라톤에 중독되는 것 같다. 마라톤을 하면서 항상 인생을 생각하면서 뛰었다. '중간에 쉬거나 포기하면 내 인생도 끝이다'라는 생각으로 10km 완주할 때까지 단 1초도 쉬지 않고 뛰었다. 일 년에 두 번 이상씩 마라톤을 하면서 스스로를 더 강인하게 만들고 영업에서의 끈기와 인내를 다졌다.

영업도 마라톤과 같다고 생각한다. 어떤 결과물을 얻기 위해서는 끝없이 도전해야 하고 지속적으로 노력을 해서 결과를 얻어야 한다. 인생이 마라톤인 것처럼 영업도 마라톤이다.

나는 영업을 하면서 시간을 자유롭게 설계를 할 수 있었다. 영업직은 출근만하면 바로 현장으로 나가도 되고 퇴근할 때 특별한 일이 아니면 회사에 들어가지 않아도 된다. 물론 실적이 좋은 사람들에 한한다. 실적도 없으면서 온종일 밖에 있다가 들어오지 않으면 그 직원은 조금 있다가 영원히 들어오지 않는다. 자기관리를 정확히 잘 하는 영업사원들이 시간 관리도 잘 하고 목표관리도 잘한다. 나 역시 나만의 시간을 잘 활용했다.

배우고 싶은 운동도 배우고 저녁때는 피아노, 플루트를 배웠다. 연말에는 5살 아들은 리코더를, 나는 플루트를 불면서 장기자랑 공연을 한 적도 있다. 또 한화에서 볼링동우회 회장을 2년간 맡으면서 볼링도 수

준급으로 올리고 200점 이상 트로피도 받았다.

리조트에 다닐 때는 매년 실적이 좋은 직원에게 해외여행을 보내줬는데 항상 부부동반으로 다녀올 수 있었다. 신혼여행을 제외하고 해외여행은 모두 우수 영업상으로 다녀왔다.

영업을 열심히 하다 보니 내가 노력한 만큼 돈을 벌 수 있었다. 회사에 제일 먼저 출근했고 퇴근할 때는 쇼핑백에 고객용 우편물을 200통 정도 갖고 나와서 고급주택이나 고급승용차 그리고 고급아파트에 넣으면서 자투리 영업도 했다.

어느 날 아침 회사 임원이 날 불렀다. 좋지도 않은 자기 차에 우편물이 있어서 누군가 봤더니 김 팀장이라며 차 한 잔 하자고 불렀다고 한다. 회사에서는 열심히 하는 직원으로 알려지는 계기가 됐지만 어쨌거나 나는 시간만 되면 늘 우편물을 챙겨서 가지고 다녔다. 그냥 멍청히 집에 가느니 일을 하면서 가는 것이 효과적이라 생각했고 신입 때뿐만 아니라 억대연봉이 되어서도 한결같이 우편물을 뿌리고 다녔다. 이런 것들이 모두 실적으로 돌아왔다.

실적이 좋아지고 연봉도 1억이 넘은 데다 나이도 어느 정도 되니 결혼이라는 새로운 인생을 맞이하게 되었다. 아내는 같은 부서에서 우리 영업사원들의 급여나 각종 일들을 해주던, 회사에서도 인기가 굉장히 좋았던 여직원이었다. 2년 동안 보아왔고 그 사람도 나의 성실함이나 영업적 리더십 그리고 능력을 누구보다도 잘 알고 있었다. 그래서 결혼까지 잘했다.

돈부터 벌어라, 그게 인생이다

처음 신혼 전셋집을 개포동에 얻을 때 모아둔 돈이 없어서 6천만 원 넘게 대출을 받았는데 열심히 뛰어서 1년 만에 다 갚았다. 영업이라는 것이 내가 노력한 만큼 성과가 나는 일이기 때문에 일반 직장인들은 상상할 수 없는 돈을 벌 수 있는 곳이다. 어느새 아이가 태어나고 우리는 신축아파트를 분양받아서 이사까지 할 수 있었다.

앞서도 이야기 했지만 나는 지방대를 나오고, 지하철 노점상을 하고, 노숙자, 노가다, 모자 장사, 붕어빵 장사 등 흔히 말하는 바닥인생의 일들을 했다. 그렇지만 남들은 열심히 공부해서 명문대를 나오고 여러 가지 스펙을 갖추고도 들어가지 못하는 우리나라 10대 대기업 팀장도 될 수 있었다. 비결은 바로 영업이었다. 영업이 아니었다면 감히 이력서를 보낼 엄두도 내지 못했을 것이다. 영업을 잘했더니 알아서 좋은 조건으로 모셔갔다.

물론 대기업에 들어갔을 때 많은 사람들의 적지 않은 편견도 있었지만 특유의 성실함과 사람들과의 친화적인 성격이 그런 편견을 금방 사그라뜨렸다. 그 덕분에 한화에서 가장 큰 볼링동우회에서 2년 연속 회장을 맡아 활동할 수 있었다. 역대 회장 중 2년 연속 회장을 한 사람은 아무도 없었다. 나는 어떤 일을 하든지 최선을 다하는 성격이었다. 그래서 볼링동우회도 직원들을 독려하고 임원들도 적극적으로 참여시켜서 최강의 동우회로 만들었다.

제대하고 지금까지 영업만을 하면서 수많은 경험, 수많은 성공사례, 실패사례 등이 쌓이면서 '나'라는 사람이 조금씩 만들어져 갔다. 더 큰 세상을 보는 안목이 생기고 내가 하고 싶은 꿈과 목표를 정확히 찾았다.

얼마 전 한 강연을 들었는데 어떤 청중이 질문을 했다.

"저는 지금 내가 하고 싶은 것이 있는데 그 꿈을 따라가자니 돈이 없고 돈을 벌자니 꿈을 따라갈 수가 없어서 고민입니다."

강사의 대답이 걸작이었다.

"돈 벌어라, 돈부터 벌어라! 왜냐하면 꿈과 돈이랑 성분이 똑같다. 꿈을 이루기 위해서는 뭐가 필요해? 도전, 인내, 열정, 근면, 성실이 필요하죠? 그럼 돈 벌기 위해서는 무엇이 필요하냐? 도전, 인내, 열정, 근면, 성실이 똑같이 필요하다. 급하면 돈한테 먼저 배워라! 돈을 먼저 벌면 내 꿈을 이룰 수 있는 실력도 되고 내 꿈의 가장 강력한 스폰서도 내가 된다. 우리 꿈을 이루는데 가장 큰 스폰서가 바로 나 자신이다. 그래서 나도 열심히 돈을 벌어서 내 꿈을 위해 쓴다".

정말 큰 공감이 갔다. 사람들은 똑같은 고민들을 한다. 무기력하게 살고 있으면 '꿈과 목표를 가져라!'고 하고, 꿈을 쫓겠다고 나가면 '돈 벌라'고 하니, 어떻게 해야 할지 모르는 사람들이 많다. 꿈과 돈 버는 성분은 같듯이 일단 열심히 돈을 벌면서 내 꿈을 조금씩 찾아가는 것도 좋은 방법이라고 생각한다.

열심히 영업을 하면서 돈을 벌었고 내 꿈을 위해서 하나씩 하나씩 준비를 하고 공부를 했다. 그래서 지금 나는 꿈과 돈을 함께 이뤄나갈 수 있다.

영업이 내게 준 것은 너무나 어마어마하다. 내가 살아가면서 하고 싶은 것들을 모두 이루게 해주었고 내 꿈을 더 빨리 당겨주려고 했고 더 멋진 행복한 미래를 만들게 됐다. 영업을 하면서 진짜 내 인생을 만났고 발전시킬 수 있었다.

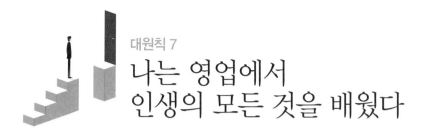

대원칙 7

나는 영업에서
인생의 모든 것을 배웠다

'나'를 만들어 준 영업

어릴 때 우리 집은 셋방살이를 했다. 내 기억엔 아주 작은 집에, 더 작은 방 한 칸에 작은 부엌이 달린 곳에서 네 식구가 함께 살았다. 어머니는 내가 워낙 움직임이 많아서 방에 묶어놓고 부엌에서 밥이며 빨래를 했다고 한다. 동생이 태어날 쯤에는 부모님이 작은 세탁소를 운영했고 세탁소에 딸린 방에서 다섯 식구가 함께 살았다.

가난했지만 그렇게 불행하다는 생각은 들지 않았다. 물론 그땐 너무 어려서 가난을 잘 몰랐을 때였다. 초등학교를 들어가면서부터 집이 가난한 것을 알게 됐다. 친구들 도시락은 맛있는 반찬이 많았는데 내 도시락은 늘 김치가 전부였다. 그나마 볶음김치라 다행이었다. 가끔 빨간 소시지를 싸주시는 날은 너무나 행복했던 것 같았다. 워낙 밝고 명랑한 성격이라 친구들하고 잘 어울리고 즐겁게 지냈지만 중학교 때부터는 집이 가난한 것이 너무 싫었다. 그래서 그냥 조용하게 중학교 3년을 보낸 것 같다. 중학교 시절 기억이 별로 없다.

고등학교에 올라갈 때 나는 돈을 벌고 싶어서 공업계 고등학교에 들어가려고 여기저기 알아봤다. 중학교 때 공부를 중상위권을 유지했기 때문에 공고 가는 건 어렵지 않았다. 그래서 서울공고도 알아보고 영화배우 원빈이 나온 춘천기계공고도 알아보았다. 아마 그때 내가 춘천기계공고를 갔더라면 원빈의 선배였을 텐데 말이다. 그런데 부모님이나 주위 분들은 인문계를 가서 대학도 가고 멋지게 사는 게 좋지 않겠냐면서 인문계고등학교를 추천했다. 그래서 큰 뜻 없이 지원했고 강원도 명문인 춘천고등학교에 입학했다.

고등학교 때도 별다른 것 없이 나름 열심히 공부해서 반에서는 상위권에 자리를 잡았다. 그때까지 단 한 번도 학원을 다녀본 적이 없다. 학원비를 낼만큼 부유하지 않았기에 그냥 학교수업만 잘 받아도 다닐만 했었다. 물론 친구들은 여기저기 학원들을 다녔지만 그런 친구들이 그다지 부럽지는 않았던 것 같다. 고등학교 때 학생회 생활도 하고 학교 상록가요제도 나가보고 하고 싶은 것들을 다 해본 것 같아 후회 없는 학창 시절을 보냈다.

대학을 들어가면서 나는 인생에서 내가 주인이 되어야겠다고 생각했다. 대학입학금을 받으면서 어머니께 이렇게 말했다.

"앞으로 모든 학비나 용돈은 제가 알아서 벌고 쓰겠습니다. 아무 걱정하지 마세요!"

그리고 대학을 졸업할 때까지 한 번도 쉬지 않고 여러 가지 일들을 하면서 사회경험을 많이 쌓았다.

대학교 1학년 여름 방학 때 지도교수님이 좋은 일자리를 소개해주겠다며 전화번호와 주소를 알려주셨는데 그곳은 판교였고, 판교도로를 만드는 일명 '노가다'였다. 지금 생각해보면 교수님이 노가다를 소개해 준 것이 조금 아이러니 하다. 그런데 그곳에서 숙식을 하면서 일하는데 대학생이라고 일당도 웬만한 어른들보다 더 많이 챙겨줬다. 여름방학 내내 그곳에서 돈을 벌어서 평소에 사고 싶었던 카세트 녹음기 '마이마이'를 사고 부모님 용돈도 드리고 친구들과 술도 마시며 즐겁게 2학기를 맞이했다. 2학기 때부터는 다행히 장학금을 타게 되어 부담이 좀 적었다.

매일 학교가 끝나면 아르바이트를 하러 호프집, 소주방에 갔는데 대부분 술집에서 일을 했다. 성격이 워낙 활발해서 손님들과도 잘 어울리고 직원들과도 잘 어울려서 어디를 가든 좋은 대접을 받으면서 일했다. 그러다 군 입대 지원을 해서 철원 수색대에서 복무했다.

그런데 제대를 하고 내 인생에 결정적인 사건이 생겼다. 바로 다단계에 빠진 것이다.

친구의 전화 한 통으로 내 인생은 바뀌기 시작했다. 사실 처음부터 다단계에 거부감은 없었다. 왜냐하면 그게 뭔지 몰랐기에 아무 생각이 없었다. 그런데 거기서 파는 물건이 어디선가 많이 본 것 같았다. 바로 우리 집에서 부모님이 깔고 주무시던 '자석요'였던 것이다. 아버지가 잘 다니시던 직장을 그만두고 친척 형하고 '자석요'를 판다고 했을 때 집안이 한번 뒤집어진 적이 있었다. 그때 고3이었기 때문에 정확히 뭐가 뭔지 몰랐었다. 그런데 내가 아버지가 해서 쫄딱 망했던 그 '자석요'를 파는 곳에 떡하니 들어간 것이었다. 참 기구한 운명이구나 싶었다.

열심히 다단계 설명을 들으니 나도 '아버지 핏줄'이라 그런지 다단계가 너무나 매력적으로 느껴졌고 인생 한번 바꿔보자는 생각에 뛰어들기로 했다. 당시 나는 돈이 없었는데 다단계를 하려면 '자석요'를 하나 구입해야만 했다. 그래서 부모님께 서울에서 자취방을 구해야 하니 돈을 좀 달라고 거짓말을 했다.

그때까지 학교에 다니면서 한 번도 부모님을 속이고 돈을 달라고 한 적은 없었다. 없으면 없는 대로 그냥 살았었는데 태어나서 처음으로 거짓말로 돈을 요구했던 것이다. 때마침 어머니가 하던 작은 식당이 잘 안돼서 문을 닫고 보증금 300만 원을 받은 것이 있었는데 그 돈을 내가 그대로 받아서 '자석요'를 사는 데 썼다. 어머니의 피같은 돈이었기에 무슨 수를 써서라도 성공을 하겠다고 다짐을 하면서 실제 그 누구보다도 열심히 했다.

매일 3~4시간을 자면서 수많은 책을 읽고, 공부하고 사람들을 만나면서 내 꿈을 키웠다. 그 노력의 결과로 두 달도 안 되어 강의를 하는 자리에 섰고 처음 오는 사람들에게 다단계수업을 했다. 함께 하는 사람들이 대단하다고 칭찬도 많이 해줘서 더 열심히 했다.

아침마다 대략 300~500명이 함께 큰 강당에서 조회를 했는데 나는 늘 마이크를 잡고 조회하기 전에 사람들 체조도 시키고 즐겁게 진행을 했었다. 나름 초고속 승진을 하면서 돈도 벌고 성공의 가도를 달리고 있었다. 그래서 자신 있게 부모님을 초대하기로 결심하고 어머니를 서울로 모셨다. 그때 처음으로 어머니의 꿈을 물어 본 적이 있었다.

어머니는 경남 통영 욕지도라는 섬에서 태어나 아버지하고 함께 강원도에 올라와 아는 사람이 아무도 없는 곳에서 20살 때부터 살았다. 너무나 외롭고 힘든 시간을 보냈는데 나중에 고향에 내려가 멋진 집을 짓고 사는 것이 꿈이라고 하셨다. 또 하나 춘천 명동에서 작은 액세서리 가게를 하고 싶다는 꿈도 있었다. 그 이야기를 듣고 반드시 어머니의 꿈을 이뤄드려야겠다고 다짐했다. 이어 다단계장소로 모시고 갔는데 어머니는 이미 내가 무엇을 하는지 알고 있었다. 나는 어머니 앞에서 나의 꿈을 이야기하면서 눈물을 흘렸고 어머니 역시 눈물을 흘리며 나를 지켜보셨다. 그 이후 더 열심히 노력을 했지만 결국 대표가 구속되면서 하루아침에 회사는 풍비박산이 나고 사람들은 뿔뿔이 흩어지게 됐다.

나는 노숙자가 되었다. 대학로에서 노숙을 하면서 바보같이 몇 개월을 보냈다. IMF로 많은 사람들이 길바닥으로 쏟아져 나올 때라서 서울역이나 지하철 역 주변에는 노숙하는 사람들이 굉장히 많았다. 그 속에서 같이 박스를 깔고 신문지를 덮고 잤다. 내 자신이 신문지 휴지조각처럼 점점 비참해짐을 느꼈다. 그래서 정신을 다시 차리고 학교에 복학하면서 새로운 인생을 시작했다.

학교 앞에서 봄에는 모자 장사, 겨울엔 붕어빵 장사를 하고, 방학 때는 서울에 올라와 지하철 노점상을 했다. 학교 축제 때는 주점을 열어서 술과 음식을 팔고 단 한 번도 쉬지 않고 공부하고 일하고 나름 정말 열심히 살았다.

어느 날 서울에서 지하철을 탔을 때 어떤 사람이 들어와서 물건을 팔았다. 나는 그 모습에 반해서 지하철 노점상을 시작했다. '내가 저 일을 한다면 앞으로 어떤 영업도 잘할 수 있겠다'고 생각했다. 그래서 정말 열심히 노점상을 해서 지하철라인에서 최고로 잘 파는 판매왕이라는 상을 늘 받았다. 노점상도 나름 모임이 있기 때문에 누가 얼마나 파는지 수치가 드러났다.

대학교 4학년 2학기 때 LG 자판기 사업부에서 단기간에 많이 팔면서 팀장을 맡게 되었고, 자판기를 가난하고 힘든 사람한테 팔다보니 회의가 느껴져서 잘나가던 회사도 사표를 냈다. 나는 부자들에게 영업을 하는 곳을 찾다가 삼성 에스원에 입사하여 세콤이라는 무인경비서비스 영업을 했다. 그 곳에서도 최선을 다해서 전국 1등을 하면서 박수칠 때 떠났다.

그러고는 당시 역삼동에서 살고 있었기 때문에 집 앞에 있던 대명리조트에 입사했는데 리조트 분양은 일반 영업보다 돈을 엄청 많이 버는 곳이었기에 더 열심히 노력해서 입사 6개월도 안 되어 최연소 최단기간에 팀장자리에 올랐다. 그리고 억대연봉으로 자리를 잡으면서 리조트 업계에 내 이름 석 자를 날리게 됐다. 거기서 결혼도 하고 집도 사고 나름 잘나가는 영업인으로 살고 있었는데 한화라는 대기업 스카우트가

274

들어왔다. 심사숙고 끝에 한화 회원마케팅팀장으로 자리를 옮겼다.

그곳에서도 승승장구 하면서 승진도 빨리 했고 공채 면접관을 비롯해서 여러 직책을 맡으면서 대기업의 속성을 많이 배웠다.

한낱 모자 장사, 붕어빵 장사, 지하철 노점상이었던 내가 대기업에서 인정받는 팀장으로 갈 때까지 나에게는 영업이라는 것이 있었다.

영업을 잘하면 그 어떤 스펙도 필요치 않고 내가 원하는 곳으로 갈 수 있다. 그리고 어떤 곳에 가더라도 무슨 일을 하더라도 잘할 수 있는 자신감을 갖게 된다. 영업은 수많은 사람들을 만나고 거절당하고, 욕먹고, 좌절하고, 다시 일어나고, 수없이 눈물을 흘리는 일이다. 그러나 조금씩 더 성장하고 '나'라는 사람을 온전히 만들 수 있다.

나는 진정, 영업에서 인생의 모든 것을 배웠다.

대원칙 8

우리는 모두
세일즈맨이다

꿈은 건드려 주는 거야

브라이언 트레이시는《백만불짜리 습관》에서 이렇게 말한다.

"당신은 바로 자신 때문에 지금 여기에, 지금의 모습으로 존재하는 것이다. 당신의 모든 현실과 미래는 당신 자신에 달려 있다. 현재의 삶은 당신의 선택, 결정, 행동의 총체적 결과다. 따라서 행동을 바꿈으로써 당신의 미래를 바꿀 수 있다. 당신은 이루고 싶어 하는 미래와 삶, 추구하는 가치에 보다 더 필요한 새로운 선택과 결정을 내릴 수 있다."

지금의 내 모습은 과거부터 지금까지 원하든 원하지 않든 내가 만든 것이다. 브라이언 트레이시는 행동을 바꾸면 당신의 미래가 바뀐다고 했다. 항상 생각만 하고 행동으로 옮기지 않기 때문에 지금의 내 모습이 되어 있는 것이다.

김미경 원장도 이런 말을 했다. "꿈이라고 말 해놓고 건드리지 않으면 계속 꿈이야! 꿈이라고 말 해놓고 바로 실행하면 꿈은 뭐다? 더 이상 꿈이 아니고 현실이다. 여러분 '꿈'자를 가슴속에 오래두지 마십시오! 바로 현실로 전환시켜 버리세요!"

생각만 하고 아무것도 하지 않으면 그 생각은 조금 지나지 않아 사라질 것이다. 생각을 했으면 무엇이든 일단 해야 한다. '남자가 칼을 뽑았으면 무라도 썰어야지!'라는 말을 자주 한다. 생각하고 뭔가 시작했으면 어떤 결과라도 만들어야 한다는 것이다.

일전에 영업 관련 강연을 하다가 청중에게 질문을 한 적 있다. "영업 해보셨나요?"

다섯 명에게 물어봤는데 아무도 영업을 해본 적이 없다고 대답했다. 그래서 내가 이렇게 대답했다. '당신들은 모두 세일즈맨이다!'라고.

사람들은 영업이라는 것이 단순히 물건을 사고파는 행위를 말하는 것이라고 생각한다. 그렇지만 영업은 우리의 삶 그 자체가 영업이라고 해도 과언이 아니다.

내가 태어나서 엄마의 젖을 먹을 때부터 나의 영업은 시작 되는 것이다. 배고프면 울었고 과자가 먹고 싶으면 떼를 썼고, 용돈이 필요하면 갖은 애교를 부리면서 부모님을 설득했다. 학교에서도 커닝을 하려고 친구 옆구리를 꾹꾹 찔렀고, 시장에 가서 콩나물 하나를 사더라도 깎아

달라고 하면서 흥정을 한다. 그뿐이랴. 취직을 잘하기 위해서 면접을
볼 때도 잘 봐달라고 설득을 하고, 직장생활에서도 선후배한테 잘 해보
려고 갖은 방법을 다하고, 자식들에게 용돈도 주고 좋은 말도 많이 해
주고, 죽을 때 신께 좋은 곳으로 갈 수 있게 해달라고 기도를 한다.

이렇게 태어나서 죽을 때까지 인생의 모든 것은 영업으로 가득 차 있
다. 그런데 사람들은 영업을 해본 적이 없다고 대답을 한다.

내가 결혼할 때다. 장인어른 친구분 딸이 결혼을 준비하다가 무산됐
다는 이야기를 했다. 딸과 사위 될 사람은 서로 사랑하고 너무 잘 어울
렸기에 결혼을 허락해 줬는데 알고보니 그 남자는 애 딸린 유부남이었
던 것이다. 가장 가까운 친구한테 그 이야기를 들었던 터라 갑자기 내
게도 의심의 눈초리를 보냈다.

내가 결혼할 당시 나이는 34살이었고 누가 봐도 키도 크고, 성격 좋
고 돈 잘 벌고, 사회적으로 능력도 있었기에 더 의심을 했던 것 같다.
그래서 장모님을 처음 만나는 자리에서 나를 정확히 보여주고 신뢰를
주려고 여러 가지 서류를 준비해서 갔다.

아마 대한민국에서 나처럼 엉뚱한 준비를 해 간 사람은 아무도 없을
지도 모른다. 학력증명서 1통, 호적등본 1통, 재직증명서 1통 그리고 내
가 왜 따님과 결혼하려고 하는지에 대해 장문의 글과 마음을 표현한 시
를 모아 철을 해서 장모님을 처음 만났다. 나는 다짜고짜 인사를 하고
내 서류를 들이 밀었다. 장모님은 깜짝 놀라며 이게 뭐냐며 물어보셨고
"요즘 세상이 무서운데 예쁜 딸을 아무한테 주시면 안 되지 않습니까?

외모는 이렇지만 나의 모든 것을 보여드리기 위해서 사회적으로 증명이 가능한 자료를 준비했습니다"라고 대답했다. 장모님은 서류를 보지도 않고 내 말에 너무 흡족해 하셨고 기분 좋게 승낙을 해 주셨다.

사실 지금 생각해보면 스스로 웃음이 나온다. '너무 영업사원 티를 낸 건가?' 하는 생각이 들기도 하고 조금 '오버'하지 않았나 하는 생각도 든다.

하지만 장모님 주위에 그런 안 좋은 소문이 있다면 결혼할 때까지 두고두고 걱정과 의심이 생길 수도 있고 결혼승낙을 망설일 수도 있었다. 그럴 때 가장 중요한 것은 말로만이 아니라 대한민국이 증명해주는 증명서를 드리고 또한 나의 마음이 담긴 편지를 함께 드리면 되는 일이었다. 모든 걱정을 해소시켰다.

영업은 영원하다

어떤 일을 할 때 서로 찜찜하거나 마음에 걸리는 것이 있다면 서로 마음이 불편해질 수 있다. 내가 영업을 하면서 항상 중요시 하는 것은 고객이 나를 믿게 만들고 신뢰를 갖게 만드는 것이다. 내게 신뢰가 없다면 상품을 사더라도 계속 의심을 하게 되고 괜히 상품의 하자가 조금만 있어도 영업사원을 의심하게 된다. 고객에게 신뢰를 심어주는 것이 무엇보다도 중요하다.

마찬가지로, 사람이 살아가면서 많은 사람과 관계를 맺고 함께 더불어 살아가는데 서로에 대한 믿음과 신뢰가 없다면 그 관계는 무너지게 되어 있다.

가족과의 관계도 마찬가지다. 가족이라 해서 모든 것을 포용하고 받아주는 것이 아니다. 나의 행동 하나하나가 가족에게 믿음과 신뢰를 줄 수 있어야 하는 것이다.

우리의 관계는 항상 긴장의 끈을 놓으면 안 된다. 너무 이기적이거나 배려하지 않고 살아간다면 어렵게 쌓아온 모든 것을 잃을 수도 있다.

항상 마음가짐을 바로 하고 상대방을 존중하고 나보다 상대방을 먼저 생각하면서 사랑해주는 것이 진정한 영업사원이다.

지금도 많은 사람들이 영업 전선으로 뛰어든다. 여기저기 인력이 부족해서 영업사원을 모집하고 육성한다. 그런데 청년실업은 100만이 넘어가고 있다. 참으로 이해하기 힘든 사회현상이다. 한쪽에서는 직원을 못 구해서 난리고 한쪽에서는 직업을 구하기 위해서 고군분투를 하고….

젊은이들은 자신이 원하는 사무직이나 공무원, 대기업에 들어가려고 스펙을 쌓고 수없이 이력서를 쓰고 있는데, 영업을 하는 나로서는 조금 아쉬움이 있다. 스스로 최고라고 생각하지 않는다면 일단 작은 곳에 가서 역량을 키우고 조금씩 성장해서 원하는 곳으로 옮겨가도 늦지 않다. 처음부터 큰 곳을 두드리다가 실의에 빠져서 모든 것을 포기하는 젊은 이들을 많이 봤다. 대기업의 사원증이 중요한 것이 아니다. 나 자신에 대한 믿음과 무한한 가능성을 존중하는 것이 더 중요하다.

나 자신을 더 사랑하고 많은 사람들에게 알리고 그 곳에서 최선을 다하며 꿈을 펼쳐간다면 우리는 결국 승리자가 될 것이다.

"우리는 모두 세일즈맨이다!"

부동산/재테크/창업

경제경영〉투자 재테크〉부동산

ISBN 9788967993436
나창근 지음
2018.01.19. | 15,000원
312쪽 | 152×224mm

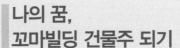

나의 꿈,
꼬마빌딩 건물주 되기

'조물주 위에 건물주'라는 유행어가 있듯이 건물주는 누구나 한 번은 품어보는 달콤한 꿈이다. 자금이 없으면 건물주는 영원한 꿈일까? 저자는 현재와 미래의 부동산 흐름을 읽을 줄 아는 안목과 자기 자금력에 맞춤한 전략, 꼬마빌딩을 관리할 줄 아는 노하우만 있으면 부족한 자금을 충분히 상쇄할 수 있다고 주장한다. 저자는 소액에서부터 50억 원까지 액수별 투자전략과 빌딩 관리 노하우 그리고 건물주가 알아야 할 부동산지식을 초보자의 눈높이에서 알기 쉽게 설명한다.

경제경영〉투자 재테크〉부동산 경매

ISBN 9788967993405
박갑현 지음
2017.11.17. | 14,500원
264쪽 | 152×224mm

월급쟁이들은 경매가 답이다
1,000만 원으로 시작해서 연금처럼 월급받는 투자 노하우

경매에 처음 도전하는 직장인의 눈높이에서 부동산 경매의 모든 것을 알기 쉽게 풀어낸다. 일상생활에서 부동산에 대한 감각을 기를 수 있는 방법에서부터 경매용어와 절차를 이해하기 쉽게 설명하며 각 과정에서 꼭 알아야 할 중요사항들을 짚어준다. 경매 종목 또한 주택, 업무용 부동산, 상가로 분류하여 각 종목별 장단점, '주택임대차보호법', '상가건물임대차보호법'에서 경매와 관련되어 파악하고 있어야 할 사항 또한 꼼꼼하게 짚어준다.

경제경영〉투자 재테크〉부동산

ISBN 9788967993283
나창근 지음
2017.06.16. | 15,000원
296쪽 | 152×224mm

꼬박꼬박 월세 나오는
수익형부동산 50가지 투자비법

이 책은 성공적인 수익형 부동산 투자를 이끄는 나침반과 같은 역할을 한다. 현재 (주)리치디엔씨 이사, (주)머니부동산연구소 대표이사로 재직하면서 [부동산TV], [MBN], [한국경제TV], [KBS] 등 방송에서 알기 쉬운 눈높이 설명으로 호평을 받은 저자는 부동산 트렌드의 변화와 흐름을 짚어주며 수익형 부동산의 종류별 특성과 투자노하우를 소개한다. 여유자금이 부족한 투자자도, 수익형 부동산이 처음인 초보 투자자도 이 책을 통해 확실한 목표를 설정하고 자신 있게 전략적으로 투자할 수 있는 혜안을 얻을 수 있을 것이다.

빅데이터가 알려주는 성공 창업의 비밀
창업자 열에 아홉은 감으로 시작한다

경제경영〉투자 재테크〉창업

ISBN 9788967993412
이형석 지음
2017.12.22. | 18,500원
416쪽 | 152×224mm

이 책은 국내 1호 창업컨설턴트이자 빅데이터 해석 전문가인 저자가 빅데이터를 통해 대한민국 창업의 현재를 낱낱이 꿰뚫어 보고, 이에 따라 창업자들이 미래를 대비할 수 있는 전략을 수립하게 한다. 이 책을 통해 창업자는 자신의 창업 아이템을 어떤 지역에 뿌리를 두고, 어떤 고객층을 타깃화해서 어떤 비즈니스 모델을 정할 것인지, 어떤 가치를 만들고 가격을 정할 것인지, 어떤 전략을 밀고나갈 것인지를 일목요연하게 정리할 수 있을 것이다. 창업, 이제 과학과 통계의 힘을 받고 시작하자.

불확실성 시대에 자산을 지키는 부동산 투자학

경제경영〉투자 재테크〉부동산

ISBN 9788993662153
김태희 지음
2010.02.10. | 18,500원
412쪽 | 152×224mm

요즘 같은 경제적 불확실성의 시대에는 모든 것을 원론적으로 차근차근 접근해야 한다. 특히 부동산에 영향을 주는 핵심요인인 부동산 정책의 방향성, 실물경제의 움직임과 갈수록 영향력이 커지고 있는 금리의 동향에 대해 경제원론과의 접목을 시도했다. 따라서 독자들은 이 책을 읽으면서 부동산 투자에 대한 원론적인, 즉 어떤 경제여건과 부동산을 둘러싼 환경이 바뀌더라도 변치 않는 가치를 발견하게 될 것이다.

바닥을 치고 오르는 부동산 투자의 비밀

경제경영〉투자 재테크〉부동산

ISBN 9788993662023
이재익 지음
2009.04.15. | 15,000원
319쪽 | 170×224mm

이 책은 부동산 규제 완화와 함께 뉴타운사업, 균형발전촉진지구사업, 신도시 등 새롭게 재편되는 부동산시장의 모습을 하나하나 설명하고 있다. 부동산 전문가인 저자는 명쾌한 논리와 예리한 진단을 통해 앞으로의 부동산시장을 전망하고 있으며 다양한 실례를 제시함으로써 이해를 높이고 있다. 이 책은 부동산 전반에 걸친 흐름에 대한 안목과 테마별 투자의 실전 노하우를 접할 수 있게 한다.

그래도 땅이다
불황을 꿰뚫는 답, 땅에서 찾아라

경제경영〉투자 재테크〉부동산

ISBN 9788993662078
김태희, 동은주 지음
2009.08.15. | 17,000원
368쪽 | 153×224mm

이 책은 부동산 고수로 거듭나기 위한 투자 원칙을 제시한다. 올바른 부동산 투자법, 개발호재지역 투자 요령, 땅의 시세를 정확히 파악하는 법, 개발계획을 보고 읽는 방법, 국토계획 흐름을 잡고 관련 법규를 따라잡는 법, 꼭 알고 있어야 할 20가지 땅 투자 실무지식 등을 담은 책이다. 이 책의 안내를 따라 정부 정책의 흐름을 파악하고 수시로 관련 법체계를 확인하여 합리적인 투자를 한다면 어느새 당신도 부동산 고수로 거듭날 수 있을 것이다.

춤추는 땅투자의
맥을 짚어라

경제경영〉투자 재테크〉부동산
ISBN 9788996033462
최종인 지음
2008.08.15. | 14,500원
368쪽 | 153×224mm

이 책은 땅고수가 전하는 땅투자에 대한 모든 것을 담고 있다. 땅투자를 하기 전 기초를 다지는 것부터 실질적인 땅투자 노하우와 매수·매도할 타이밍에 대한 방법까지 고수가 아니라면 제안할 수 없는 정보들을 알차게 담아두었다. 준비된 확실한 정보가 있는데 땅투자에 적극적으로 덤비지 않을 수가 없다. 이 책에서 실질적 노하우를 얻었다면 이제 뛰어들기만 하면 될 것이다.

주식/금융투자

북오션의 주식/금융 투자부문의 도서에서 독자들은 주식투자 입문부터 실전 전문투자, 암호화폐 등 최신의 투자흐름까지 폭넓게 선택할 수 있습니다.

케.바.케로 배우는 주식
실전투자노하우

경제경영〉투자 재테크〉주식
ISBN 9788967993184
최기운 지음
2017.02.05. | 15,000원
272쪽 | 172×245mm

이 책은 전편 『10만원 들고 시작하는 주식투자』의 실전편으로 주식투자 때 알아야 할 일목균형표, 주가차트와 같은 그래프 분석이라든가, 가치투자를 위해 기업을 방문할 때 다리품을 파는 게 정상이라고 조언하는 흔히 '실전'이란 이름을 붙인 주식투자서와는 다르다. 주식투자자들이 가장 알고 싶어 하는 사례 67가지를 case by case로 제시하여 생생한 실전투자를 가능하게 해주는 최적의 분석서이다.

10만원 들고 시작하는
주식 투자

경제경영〉투자 재테크〉주식
ISBN 9788967990374
최기운 지음
2014.02.28. | 16,000원
360쪽 | 172×245mm

이 책은 초보들이 알고 싶어 하는 궁금증에서부터 HTS를 활용한 매매의 기초, 기술적 분석과 차트 활용, 포트폴리오 구성과 종합실전매매에 이르기까지 차근차근 공부할 수 있도록 설계했다. 또한 가장 중요한 실전감각을 키울 수 있도록 '실전투자 EXERCISE'를 구성해, 독자 스스로 투자 여부를 판단하고 종목 선정을 체험해볼 수 있게 했다.

초보자를 실전 고수로 만드는
주가차트 완전정복

경제경영〉투자 재테크〉주식

ISBN 9788967992651
곽호열 지음
2016.04.02. | 19,000원
244쪽 | 188×254mm

차트를 통해 자금을 안전하게 지키는 방법을 제시하는 『완전정복 주가차트』. 이 책은 주식 전문 블로그 〈달공이의 주식투자 노하우〉의 운영자 곽호열이 예리한 분석력과 세심한 코치로 주식에 처음 입문하는 사람은 물론 중급자들이 놓치기 쉬운 기술적 분석을 다양하게 선보인다. 상승이 예상되는 관심 종목 분석과 차트를 통한 매수·매도타이밍 포착, 수익과 손실에 따른 리스크 관리 및 대응방법 등 주식시장에서 이기는 노하우와 차트기술에 대해 안내한다.

만화로 배우는
주식투자의 심리학

경제경영〉투자 재테크〉주식

ISBN 9788967990084
아오키 토시오 지음 | 김태희 옮김
2013.1.23. | 12,000원
200쪽 | 150×210mm

이 책에서는 투자자가 직면할 수 있는 38가지 상황을 만화로 표현했다. 첫 번째 에피소드인 「행운은 불행의 시작인가?」는 우리나라 속담에서 말하는 '선무당이 사람 잡는다'는 상황을 말한다. 아무것도 모르고 시작한 투자에서 돈을 벌고 나면 이후부터 투자에 자신이 생겨서 마치 중독처럼 투자를 하게 된다는 이야기다. 이런 38가지 이야기와 이에 따른 이론들을 챙겨 읽으면 스스로를 통제할 수 있는 힘이 생겨서 지지 않는 투자를 하게 될 것이다.

600원으로 시작하는 주식투자 첫걸음
신문에서 배우는 왕초보 주식투자

경제경영〉투자 재테크〉주식

ISBN 9788993662351
정광옥 지음
2011.04.08. | 17,000원
312쪽 | 171×225mm

신문 기사 분석을 통해, 초보 투자자들이 흔히 범하기 쉬운 실수를 소개하고 실패를 최소화하는 방법을 알려준다. '묻지마 투자하기', '못 믿을 정보 믿기', '테마주 쫓아다니기', '쓸데없는 고집 피우기', '남들의 투자 기법 따라하기'가 초보 투자자들이 실패하는 가장 흔한 사례 다섯 가지다. 이를 통해 저자는 성급하게 뛰어들어서 이익을 보려는 생각을 버리고 장기적으로 가치 투자와 분산투자를 기본으로 생각하라고 일러준다. 또한 기업 분석법, 매매 기법 등을 설명하면서 각 사례에 해당되는 신문 기사를 보여준다. 다만 신문 기사를 그대로 믿는 것이 아니라 투자자의 눈으로 읽으라는 충고를 잊지 않는다.